Ihr Kinderlein, kommet! Das **GEOlino-EXTRA-Team** hat das Weihnachtslied beim Wort genommen und sich auf in Bethlehems wohl berühmtesten Stall gemacht

»Leuchtend rot – so erscheint dieser Hingucker jedes Jahr pünktlich zum Fest auf der Weihnachtsinsel. **Ich spreche nicht von Christbaumkugeln, sondern von Roten Landkrabben!** *Die wandern massenhaft aus dem Inselinneren zur Küste und tauchen dabei die Landschaft in festliche Farben. Mir wurde beim Anblick ganz weihnachtlich zumute – seht selbst ab Seite 44.«*

Verena, Redakteurin

»Ich will euch nicht die Vorfreude verderben, aber: Die Chancen, dass wir an Heiligabend im Schnee toben, sind gering. **Weiße Weihnachten sind in Deutschland nämlich sehr selten.** Und zwar schon seit vielen Jahren! Woher kommt es, dass trotzdem in Weihnachtsliedern der Schnee rieselt und Postkarten weiße Landschaften zeigen? Auf Seite 66 findet ihr die Antwort.«

Annika, Redakteurin

»Unsere ganze Redaktion steht hier im Stall von Bethlehem, wo das Christuskind geboren wurde. **Doch was stimmt eigentlich von den Geschichten, die im Neuen Testament der Bibel erzählt werden?** *Darauf gibt die Forschung viele Antworten. Welche das sind, lest ihr in meinem Artikel ab Seite 30.«*

Heiko, Redakteur

Nele

Verena

Annika

Heiko

Jan

Jan Moritz

Stefan

Simone

# HALLO!

SCHREIBT UNS! Wie gefällt euch die neue Ausgabe? Wir freuen uns über Lob, Kritik und Anregungen – per Mail an: briefe@geolino.de

# INHALT

## 66
### Weiße Weihnacht
Von wegen! Warum der Winter im Advent nur selten vorbeischneit – und weshalb weiße Flocken zum Fest künftig noch seltener werden

### Mehr von GEOlino …

… bekommt ihr in unserem Podcast auf die Ohren. Der erscheint jeden Mittwoch auf **geolino.de/podcast** und überall dort, wo es Podcasts gibt.

*… findet ihr auch im Netz:*

# Hohoho
## am Strand

Weihnachtsmann und Lichterglanz, Krippe und Gesang: Viele Weihnachtsbräuche haben sich rund um die Erde verbreitet. Trotzdem sieht das frohe Fest je nach **Kontinent** ganz anders aus als bei uns. Kommt mit auf eine kleine Spritztour!

— Text: Stefan Greschik

# Überraschung!

Von wegen Schnee: Ende Dezember ist in Australien **Hochsommer**, und die Temperaturen steigen auf über 30 Grad Celsius. Echte Weihnachtsbäume verlieren da schnell ihre Nadeln, und Schokolade schmilzt im Handumdrehen. Doch von solchen Kleinigkeiten lassen sich die Australierinnen und Australier die Weihnachtszeit nicht verderben. Sie schmücken einfach Bäume aus Plastik. Für Abkühlung an den Feiertagen sorgt das **Meer**. Mit etwas Glück schaut sogar der Weihnachtsmann am Strand vorbei, so wie bei diesen Kindern, die an einem Rettungsschwimmkurs teilnehmen.

Foto: Jason Reed / Reuters

# Kreuz-Gang

Weiße Gewänder, wohin man schaut: In langen Prozessionen ziehen die Menschen durch den Wallfahrtsort Lalibela in Äthiopien und versammeln sich vor den **Felsenkirchen** des Ortes, die in den Tuffstein des Bodens gehauen sind. Für die orthodoxen Christen des Landes beginnt so das Weihnachtsfest Genna – am 6. Januar. Und sie feiern noch aus weiteren Gründen: An diesem Tag endet auch die 43-tägige Fastenzeit, während der alle Gläubigen auf Fleisch, Eier und Tabak verzichtet haben. Außerdem gibt es gleich einen doppelten **Geburtstag**! Denn die Menschen glauben, dass am 6. Januar nicht nur Jesus zur Welt gekommen ist, sondern auch Lalibela – ein sagenumwobener König, der die Felsenkirchen im 13. Jahrhundert erbaut haben soll.

## Europa

# Lucias Licht

Eine Kerze in der Hand, den Lichterkranz auf dem Kopf: Wo Matilda durch die Kirche schreitet, verschwindet augenblicklich die Dunkelheit. Die 15-Jährige spielt die heilige Lucia, übersetzt „die Erleuchtete" – ein junges Mädchen, das im 4. Jahrhundert auf Sizilien für ihren **Glauben** gestorben sein soll. Mit dem Christentum erreichte die Legende Nordeuropa, wo seit Jahrhunderten das Luciafest mit zur Adventszeit gehört, um der Heiligen zu gedenken. In Schweden und andernorts in Europa ziehen sich Mädchen deshalb am 13. Dezember weiße **Gewänder** an und tragen Kerzen durch die Straßen und in die Kirchen – als Vorboten des Weihnachtslichts. Und in den Familien gibt es die ersten Kostproben der Weihnachtsplätzchen.

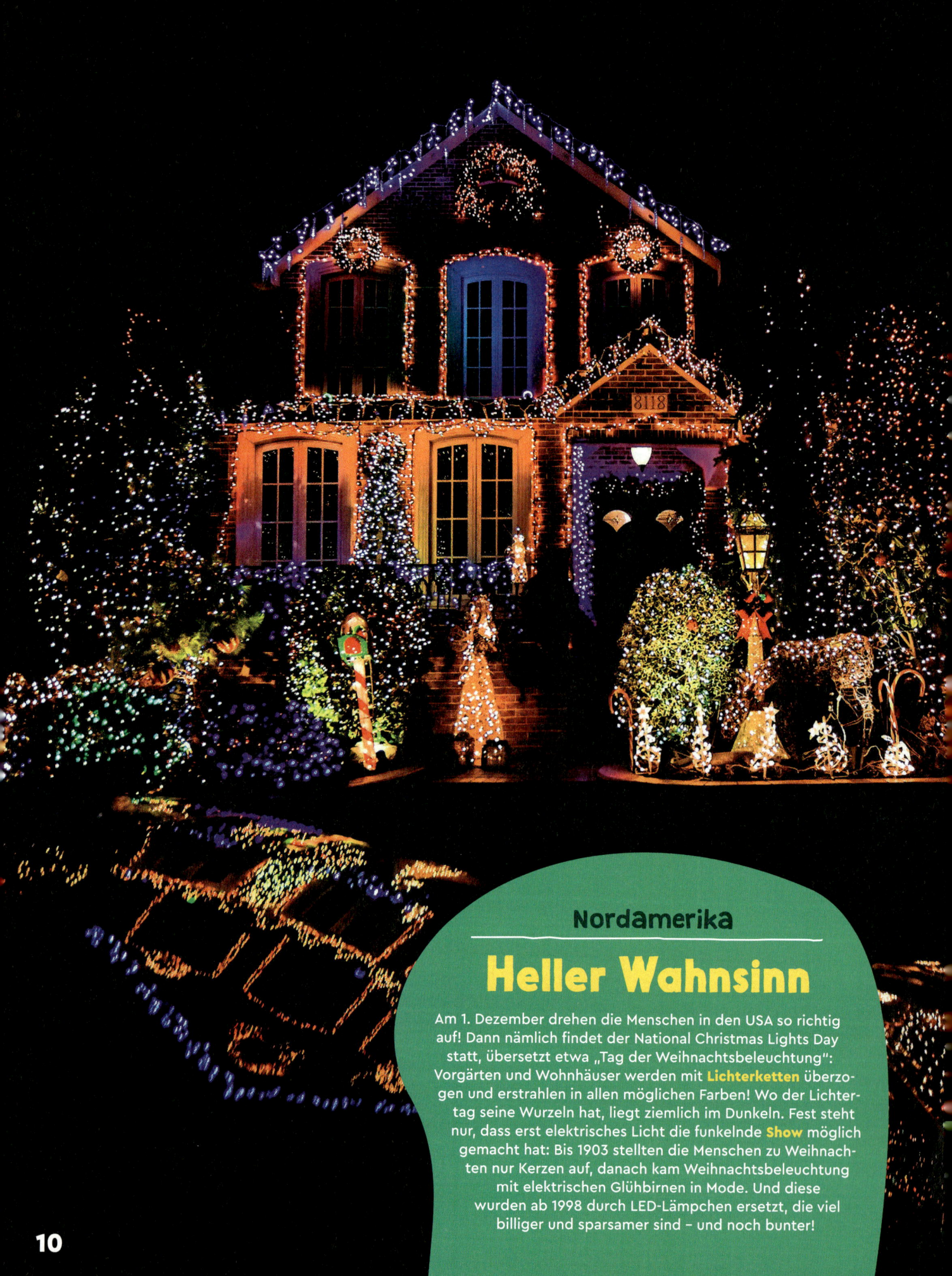

# Heller Wahnsinn

Am 1. Dezember drehen die Menschen in den USA so richtig auf! Dann nämlich findet der National Christmas Lights Day statt, übersetzt etwa „Tag der Weihnachtsbeleuchtung": Vorgärten und Wohnhäuser werden mit **Lichterketten** überzogen und erstrahlen in allen möglichen Farben! Wo der Lichtertag seine Wurzeln hat, liegt ziemlich im Dunkeln. Fest steht nur, dass erst elektrisches Licht die funkelnde **Show** möglich gemacht hat: Bis 1903 stellten die Menschen zu Weihnachten nur Kerzen auf, danach kam Weihnachtsbeleuchtung mit elektrischen Glühbirnen in Mode. Und diese wurden ab 1998 durch LED-Lämpchen ersetzt, die viel billiger und sparsamer sind – und noch bunter!

# Riesige Vorfreude

Der Bergbauort Oruro in Bolivien liegt auf 3700 Meter Höhe, meist ist es kalt und trocken. Doch wer im Dezember durch den Parque Ecológico (übersetzt: „Öko-Park") der Stadt spaziert, fühlt sich ins warme Bethlehem versetzt: Auf der Wiese liegt ein über zwei Meter großes **Jesuskind**, neben Maria und Josef! Die Riesenfiguren hat ein Künstler im Jahr 2021 aus Kunststoff gefertigt. Krippenszenen gehören in **Bolivien** einfach zum Weihnachtsfest – und mit ihnen die Vorfreude. Bereits in der zweiten Dezemberwoche beginnen die Familien, die Figuren zu Hause aufzustellen, samt der Heiligen Drei Könige, Ochs und Esel. Das Jesuskind wird immer als Letztes in die Krippe gelegt, an Heiligabend um Mitternacht.

# Der große Tag

Sterne und rot-weiße Zipfelmützen: Auch in den Straßen der indischen Millionenstadt **Kalkutta** dreht sich im Dezember vieles um Weihnachten. Das ist nicht selbstverständlich. Denn in dem riesigen Land gehören die meisten Menschen dem Hinduismus oder Islam an, nur gut zwei Prozent sind Christinnen oder Christen. Doch vor allem durch US-amerikanische Firmen und Filme ist das Weihnachtsfest auch hier bekannt geworden. Die Regierung hat im Norden Indiens sogar einen offiziellen Feiertag eingeführt, den „Bada Din", was so viel heißt wie „großer Tag". An dem erleuchten die Menschen die Nacht mit Öllampen, schmücken Palmen, **Mangobäume** und Bananenstauden und verteilen Geschenke an die Kinder. Das Familienoberhaupt bekommt von den anderen auch etwas überreicht: eine Zitrone – in Indien ein Symbol für Glück, Erfolg und Dankbarkeit.

# START-BLOCK

## Die wichtigsten Fakten vorweg

# WEIHNACHTEN

— Text: Dela Kienle

# ÜBERBLICK

Eigentlich ist Weihnachten eine riesige Geburtstagsparty – für ein Kind namens Jesus Christus, Gottes Sohn. Die Bibel erzählt, wie er vor rund zwei Jahrtausenden zur Welt kommt. Damals erstreckt sich das Römische Reich bis nach Vorderasien, ins heutige Israel. Ausgerechnet als Jesus' Geburt kurz bevorsteht, will der Kaiser all seine Untertanen zählen. Josef muss dazu von seinem Wohnort Nazareth mit der hochschwangeren Maria in seine Geburtsstadt Bethlehem reisen, heißt es im Lukas-Evangelium. Doch dort sind alle Herbergen überfüllt, die beiden finden keinen Schlafplatz. Niemand will sie aufnehmen.

Jesus kommt deshalb in einem Stall zur Welt. Statt in einem richtigen Bettchen liegt er in einer Krippe, also im Futtertrog für Ochs und Esel. All das klingt nach einem vermurksten Start ins Leben. Doch Jesus ist kein gewöhnliches Kind. Christinnen und Christen glauben: Gott hat ihn auf die Erde geschickt, um alle Menschen von den Sünden zu erlösen. Wenn das kein Grund zum Feiern ist!

Immerhin verbindet jeder dritte Deutsche die Festtage auch heute noch mit der Geburt von Jesus.

Und an Weihnachten strömen viele Menschen in die Kirche, die das sonst nur selten tun. Evangelische Kirchen etwa waren – in den Jahren vor Corona – an Heiligabend mehr als achtmal so voll wie an gewöhnlichen Sonn- und Feiertagen. Aus Angst vor Infektionen haben sich in den vergangenen beiden Jahren allerdings nur wenige Deutsche in einen Weihnachtsgottesdienst getraut, nämlich gerade einmal jeder zwanzigste. Insgesamt zeigt sich, dass es immer weniger Menschen wichtig ist, an Heiligabend in die Kirche zu gehen.

Doch Weihnachten ist lange schon kein reines Kirchenfest mehr. Glitzerbäume und Weihnachtsmänner gibt es selbst in Ländern wie Japan und Indonesien, in denen nur wenige Menschen dem Christentum angehören. Und auch bei uns feiern mindestens acht von zehn Menschen Weihnachten – ob sie nun christlich sind oder nicht. Die Sause beginnt für viele schon Anfang Dezember: Man backt Plätzchen, schlendert über Weihnachtsmärkte und hängt Lichterketten auf, um die dunklen Abende zu erhellen. Wofür das Fest für die Deutschen vor allem steht, zeigen euch die Ergebnisse einer Umfrage aus dem Jahr 2021.

---

**Umfrage: Was ist an Weihnachten besonders wichtig?***

**Zeit mit der Familie**
62 Prozent

**Ruhe und Besinnlichkeit**
50 Prozent

**Geschenke**
44 Prozent

**Weihnachtsbeleuchtung**
44 Prozent

**Geburt Jesu Christi**
31 Prozent

**Gute Gespräche**
25 Prozent

**Kirchgang**
14 Prozent

---

## Zeitstrahl

**0:** Die christliche Zeitrechnung beginnt mit Christi **Geburt** im Jahr 0. Forschende vermuten heute, dass es wohl wenige Jahre früher gewesen sein muss. (Ab Seite 30 lest ihr, was über den historischen Hintergrund der Weihnachtsgeschichte in der Bibel bekannt ist.)

**381:** Die Bibel verrät nicht genau, an welchem Tag Jesus Christus zur Welt kam. Die **Kirche** legt jedoch 381 fest: Geburtstag ist der 25. Dezember.

**1170:** Der Begriff „Weihnachten" wird erstmals in einem **Gedicht** erwähnt: „ze den wihen nahten". Das ist Mittelhochdeutsch und heißt: „in den heiligen Nächten".

*Mehrfachnennungen möglich

# Die Geschenkebringer

## Nikolaus

**Besondere Kennzeichen:** spitze Bischofsmütze (Mitra), weißer Bart, geschwungener Bischofsstab

**Im Einsatz:** in der Nacht vom 5. auf den 6. Dezember

**Freut sich über:** geputzte Stiefel, ein aufgesagtes Gedicht oder ein Lied

**Geschenketransport:** im Sack

**Gut zu wissen:** Einen Nikolaus hat es wirklich gegeben. Er war vor rund 1700 Jahren Bischof in Myra, einer Stadt in der heutigen Türkei. Der heilige Mann soll sein Geld den Armen geschenkt und viele Wunder vollbracht haben. Weil er am 6. Dezember starb, ist das der Nikolaustag. Jahrhundertelang bekamen die Kinder keine Weihnachtsgeschenke – sondern die Gaben vom Nikolaus.

*Teils ersetzt durch ...*

*Weiterentwickelt zum ...*

## Christkind

**Besondere Kennzeichen:** Blonde Locken und ein weißes Gewand? Niemand weiß das so genau. Meist bringt das Christkind Geschenke heimlich vorbei.

**Im Einsatz:** an Heiligabend

**Freut sich über:** ein Glöckchen zum Bimmeln

**Geschenketransport:** Psst, das ist sein Geheimnis!

**Gut zu wissen:** Evangelische Christen fanden es falsch, dass die katholische Kirche Heilige wie den Nikolaus verehrte, also setzten sie aufs Christkind. Seit dem 16. Jahrhundert bringt es braven Kindern Geschenke – und zwar an Weihnachten, nicht mehr Anfang Dezember. Heute ist es vor allem in Süddeutschland noch aktiv, während im Norden und Osten eher der Weihnachtsmann kommt.

## Weihnachtsmann

**Besondere Kennzeichen:** Rauschebart, dicker Bauch, ruft »Hohoho!«

**Im Einsatz:** in Deutschland vor allem am 24. Dezember, in Ländern wie den USA etwas später, in der Nacht auf den 25.

**Freut sich über:** Kekse und Milch

**Geschenketransport:** Rentierschlitten

**Gut zu wissen:** Der mollige Alte tauchte schon im 19. Jahrhundert in US-amerikanischen Gedichten auf – als Weiterentwicklung des Nikolaus, der mit der Kirche nichts mehr am Hut hat. Damals lenkte er bereits einen Rentierschlitten und rutschte durch den Schornstein. Doch sein Mantel war anfangs nicht unbedingt rot, sondern manchmal auch blau, braun oder aus Pelz gefertigt. Das typische rot-weiße Weihnachtsmann-Gewand wurde ab 1931 populär, als der Getränkehersteller Coca-Cola ihn in seiner Werbung zeigte. „Erfunden" hat ihn Coca-Cola aber nicht.

Fotos und Illustrationen: Shutterstock; imago (r. o., 3)

**16. Jahrhundert:** Die ersten Weihnachtsbäume glitzern in den Häusern von Handwerkszünften. Als Schmuck tragen sie noch keine Kerzen, sondern Äpfel, Nüsse, Papierblumen und dünne Metallplättchen. Zunehmend stellen auch Adlige und Reiche Weihnachtsbäume auf, und ab dem 18. Jahrhundert übernehmen immer öfter selbst weniger wohlhabende Familien in Deutschland den neuen Brauch.

**1839:** Der erste Adventskranz hängt in einer evangelischen Kinderstiftung in Hamburg – ein Wagenrad mit 24 Kerzen darauf: vier große weiße für die Sonntage und 20 kleine rote für die Werktage.

**1920:** Ungeduldige Kinder bekommen die ersten gedruckten Adventskalender mit Türchen geschenkt, hinter denen sich bunte Bilder verstecken. Sie sollen ihnen die Zeit bis Heiligabend verkürzen. Adventskalender mit Schokolade tauchen ab 1958 auf.

# BÄUME

## Baumarten

Jedes Jahr kaufen wir Deutschen zwischen 25 und 30 Millionen Weihnachtsbäume – und können dabei zwischen verschiedenen Nadelbaumarten wählen

### Nordmanntanne

**Der Superstar**

**Verkauf:** Drei von vier Weihnachtsbäumen sind Nordmanntannen. Keine andere Art ist beliebter.

**Aussehen:** Nordmanntannen wachsen meist kegelförmig und gerade, sind also Weihnachtsbäume wie aus dem Bilderbuch. Ihre dunkelgrünen Nadeln sind dick, glänzend und relativ weich.

**Gut zu wissen:** In der Natur können diese Riesen bis zu 60 Meter hoch und bis zu 500 Jahre alt werden.

### Blaufichte

**Die Piksige**

**Verkauf:** Blaufichten erreichen den zweiten Platz auf der Beliebtheitsskala. Jeder siebte Weihnachtsbaum ist eine Blaufichte.

**Aussehen:** Ihre Nadeln sind dünn, lang und haben eine blaugrüne bis silberne Farbe. Beim Baumschmücken können sie ganz schön piksen.

**Gut zu wissen:** Eigentlich stammt die Blaufichte aus den Rocky Mountains, einem Gebirge in den USA.

### Rotfichte

**Die Bescheidene**

**Verkauf:** Rotfichten sind meist günstiger als andere Bäume – und sie sind in unseren Wäldern heimisch. Wer beim Förster einen Baum schlägt, bekommt oft eine Rotfichte.

**Aussehen:** Die Nadeln sind dunkelgrün, kurz und etwas piksig. Im warmen Wohnzimmer beginnen sie recht schnell zu rieseln.

**Gut zu wissen:** Die langen Zapfen, die ihr beim Waldspaziergang findet, stammen meist von ihr.

### Nobilistanne

**Die Edle**

**Verkauf:** Nobilistannen sind selten im Angebot, sollen aber lange halten.

**Aussehen:** Oft wachsen sie nicht ganz so regelmäßig wie Nordmanntannen. Ihre weichen Nadeln sind graugrün und duften gut.

**Gut zu wissen:** Diese Art bricht alle Rekorde: Sie kann bis zu 80 Meter hoch und 800 Jahre alt werden.

## Vom Samen zum Baum

**1** Die Samen für Nordmanntannen stammen vor allem aus dem osteuropäischen Land Georgien. Um sie zu gewinnen, müssen ihre **Zapfen** in schwindelerregender Höhe geerntet werden. Pflücker klettern deshalb 30 bis 40 Meter hoch in die Bäume. Das kann lebensgefährlich sein. Wer einen „Fair Tree" (englisch für: „fairer Baum") kauft, sorgt dafür, dass die Sammler mit einem Seil gesichert sind und besser bezahlt werden.

**2** Ab nach Deutschland – und in die **Baumschule!** Dort wachsen aus den Samen winzige Bäume. Nach drei, vier Jahren sind sie ungefähr 30 Zentimeter hoch und werden weiterverkauft.

**3** Besonders viele Mini-Bäumchen finden im Sauerland eine neue Heimat – in speziellen **Weihnachtsbaum-Plantagen.** Dort beschneidet man regelmäßig ihre Äste. So wird der Baum kegelförmig. Und damit keine Vögel die wertvolle Spitze abbrechen, indem sie sich draufhocken, klemmt man oben auf die Baumspitzen eine Sitzstange.

**4** Zehn bis 14 Jahre wachsen die meisten **Nordmanntannen** insgesamt. Dann sind sie ungefähr zwei Meter hoch und bereit für ihren Einsatz als Weihnachtsbaum.

## Baumschmuck

Ursprünglich hingen oft **Äpfel** am Weihnachtsbaum. Im 19. Jahrhundert schufen Glasbläser aus Thüringen die ersten glänzenden Kugeln. Ein riesiger Erfolg!

Nur noch jeder Achte in Deutschland entzündet echte **Kerzen** am Weihnachtsbaum. Früher benutzte man häufig Talg, der in Walnusshälften gegossen wurde, oder man klebte Bienenwachskerzen mit Wachs direkt auf die Zweige. Ein Patent für Kerzenhalter gab es erst 1867.

Schneemänner, Schaukelpferde, Engelchen: Solche **Holzfiguren** kommen oft aus dem Erzgebirge. Einst verdienten die Familien der Bergleute dort zusätzliches Geld, indem sie an langen Winterabenden Weihnachtsschmuck fertigten. Noch heute gibt es dort zahlreiche spezialisierte Werkstätten (mehr dazu lest ihr auf Seite 38).

Glitzerndes Lametta? Fragt mal eure Eltern: Das fehlte früher an keinem Baum! Die dünnen Metallstreifen wurden schon vor 400 Jahren erfunden. Sie sollten an Eiszapfen erinnern. Inzwischen gibt es auch glänzende **Girlanden** und anderen Glitterschmuck.

Rot-weiße Zuckerstangen und anderer Süßkram hängen heute nur noch selten am Baum. Früher hingegen war viel Baumschmuck essbar. Zwischen den Zweigen baumelten **Lebkuchen**, Springerle und anderes Gebäck. Auch bunte Zuckertiere und -früchte waren sehr beliebt.

## KRIPPE

Krippenspiele, in denen Gläubige die Weihnachtsgeschichte nachstellen und in die Rollen von Maria und Josef schlüpfen, gehören zu den ältesten Weihnachtstraditionen. Schon im 11. Jahrhundert werden sie in den Kirchen abgehalten. Manchmal büffeln die Darstellerinnen und Darsteller die Texte sogar auf Latein und stellen noch andere Geschichten aus der Bibel dar.

Der Heilige Franziskus zieht für ein Krippenspiel im Jahr 1223 sogar in den Wald. Dort baut er einen Stall nach, schafft Ochs und Esel herbei und lässt alles von Fackeln beleuchten. Er will den Menschen nicht nur die Weihnachtsgeschichte vermitteln, sondern ihnen das Gefühl geben, sie seien selbst in Bethlehem dabei. Diese Idee steckt auch hinter Krippen mit Holz- oder Tonfiguren, die schließlich aufkommen. Eine der ersten steht ab 1562 in der tschechischen Hauptstadt Prag – mit lebensgroßen Figuren. Anfangs gibt es Krippen nur in Kirchen, erst später stellen sie die Menschen auch bei sich zu Hause auf.

**Maria:** Jesus' Mutter. Meist kniet oder steht sie lächelnd neben ihrem Neugeborenen.

**Josef:** Marias Mann. Er weiß, dass Jesus nicht sein eigener Sohn ist, und will sich doch gut um ihn kümmern.

**Ochs und Esel:** In der Bibel werden die Tiere nicht erwähnt. Trotzdem fehlen sie in fast keiner Krippe.

**Jesuskind:** Der Star in der Krippe! Liegt trotzdem nur auf Stroh.

**Erzengel Gabriel:** Er erscheint den Hirten und verkündet, dass der Sohn Gottes geboren ist.

**Hirten:** Der „Stern von Bethlehem" weist ihnen den Weg zum Stall.

**Die Heiligen Drei Könige:** Laut Bibel schenken die „Sterndeuter" dem Gottessohn Gold, Weihrauch und Myrrhe. Wie viele sie sind und wie sie heißen, steht dort allerdings nicht.

# RITUALE

## Musik und Filme

**Diese Weihnachts-Hits werden weltweit am häufigsten gestreamt:**

**1** „All I want for Christmas is you"
von Mariah Carey

Der Superhit stammt aus dem Jahr 1994. Damals brauchten Mariah Carey und ihr Produzent nur 15 Minuten, um die Melodie zu komponieren und den Text zu schreiben.

**2** „Last Christmas"
von Wham!

Dieses Weihnachtslied aus dem Jahr 1986 spaltet wie viele andere „Weihnachts-Dauerbrenner" die Gemüter: Fast die Hälfte der Deutschen freut sich über jede Wiederholung, ein Drittel kann das Lied nicht mehr hören.

**3** „Santa tell me"
von Ariana Grande

Das Lied wurde „erst" vor acht Jahren veröffentlicht und ist damit recht neu für einen Weihnachtsklassiker. Im dazugehörenden Video feiert Ariana Grande mit Rentiergeweih auf dem Kopf und albernem Weihnachtspulli.

**Die erfolgreichsten Weihnachtsfilme weltweit sind:**

**1** „Der Grinch" (2018)

Ausgerechnet der miesepetrige, knatschgrüne Zeichentrick-Grinch bringt die Menschen an Weihnachten zum Lachen – dabei hasst er das Fest!

**2** „Kevin – Allein zu Haus" (1990)

Der achtjährige Blondschopf ist über Weihnachten versehentlich ohne Familie allein zu Hause geblieben – und wehrt sich gegen dreiste Einbrecher.

**3** „Kevin – Allein in New York" (1992)

In diesem Film ist Kevin in der weihnachtlichen Großstadt unterwegs und legt Ganoven das Handwerk.

## Guten Appetit!

**Das kommt an Heiligabend auf den Tisch***

| | |
|---|---|
| Kartoffelsalat mit Würstchen | 34 Prozent |
| Entenbraten | 28 Prozent |
| Gänsebraten | 23 Prozent |
| Raclette | 23 Prozent |
| Fondue | 13 Prozent |

## Weihnachten weltweit

**Traditionen auf dem Teller**

Werbung konnte die Menschen in **Japan** davon überzeugen, dass Fastfood wie frittiertes Hühnchen mit Pommes besonders gut zum Festtag passt, der dort noch keine lange Tradition hat.

Von Rote-Bete-Suppe bis Karpfen: In **Polen** kochen viele Familien an Heiligabend gleich zwölf verschiedene Gänge! Die Zahl erinnert an die zwölf Monate des Jahres und an die zwölf Apostel.

In **Frankreich** wird die Bûche de Noël serviert, eine gerollte Schoko-Torte. Sie erinnert an einen Holzscheit, den Familien früher an Weihnachten gemeinsam im Kamin verbrannten.

In **Norwegen** duften manche Häuser nicht nach Zimt oder Glühwein, sondern nach Fisch. Schließlich muss für den „Lutefisk" getrockneter Kabeljau mehrere Tage lang in Wasser und Lauge eingelegt werden.

Fotos und Illustrationen: Shutterstock; imago (l. o., 2)

# GESCHENKE

**Z**iemlich großzügig: In Deutschland gibt jeder Erwachsene im Durchschnitt 325 Euro für Geschenke aus. Aber was macht wirklich Freude? ==Britische Psychologinnen und Psychologen haben eine Formel für das perfekte Geschenk entwickelt:== Unter anderem spielt es eine Rolle, wie viel Zeit man sich beim Aussuchen nimmt, ob das Geschenk nützlich ist und wie viel einem überhaupt an der beschenkten Person liegt. Andere Forschende behaupten, dass vor allem Erlebnisse gut ankommen: etwa ein gemeinsamer Besuch im Vergnügungspark oder ein cooler Workshop. ==Seine Gaben perfekt einzupacken sei hingegen nicht so wichtig, behauptet eine Studie.== Im Gegenteil: Unter einem zerknautschten Papier erwartet man nichts Tolles – und ist dann positiv überrascht.

## Was verschenken Menschen hierzulande zu Weihnachten?*

**Geld und Gutscheine**
47 Prozent

**Süßkram und Lebensmittel**
43 Prozent

**Spielzeug**
40 Prozent

**Bücher**
39 Prozent

**Kleidung**
37 Prozent

**Kosmetik**
31 Prozent

**Veranstaltungsgutscheine**
22 Prozent

## Grüner feiern

**Alle träumen von weißer Weihnacht. Dabei wäre es viel besser, die Festtage extra grün zu feiern – und etwas für die Umwelt zu tun! Hier ein paar Tipps:**

Wählt Geschenke beziehungsweise eure eigenen **Wünsche** bewusster aus: Was braucht ihr wirklich? Was macht anderen dauerhaft Freude? Vielleicht kommt auch Gebrauchtes oder Gebasteltes infrage.

Stromsparender als alte **Lichterketten** sind solche mit LEDs. Lasst sie trotzdem nicht ständig brennen.

Nach der Bescherung landen riesige Mengen **Geschenkpapier** in der Tonne. Besonders schädlich sind Papiere, die mit Plastik oder Glitzer beschichtet sind. Verwendet besser Recycling-Papier. Oder seid richtig kreativ und bestempelt zum Beispiel Zeitungspapier mit Sternen oder näht Geschenkesäckchen aus Stoffresten. Die kann man dann immer wieder benutzen.

## Langes Warten

Heiligabend heißt bei uns: Geschenkezeit! Wir packen alles aus, und meist bleibt danach sogar noch Zeit zum Spielen. In vielen anderen Ländern müssen die Kinder geduldiger sein. In Italien beginnt die **Bescherung** beispielsweise meist erst um Mitternacht – auch wenn die Kleinen bis dahin laut gähnen. US-Amerikanerinnen und -Amerikaner finden ihre Geschenke erst, wenn sie am Weihnachtsmorgen aufwachen, also am 25. Dezember. Doch am längsten dauert das Warten in Spanien. Dort ist die Bescherung oft erst am 6. Januar, am Tag der Heiligen Drei Könige!

* Zahlen für Weihnachten 2021, Mehrfachnennungen möglich

## Kleiner Sprachkurs

**So sagt man „Frohe Weihnachten!" auf …**

Albanisch: **Gëzuar Krishtlindjet!**
Dänisch: **Glædelig jul!**
Englisch: **Merry Christmas!**
Französisch: **Joyeux Noël!**
Griechisch: **Καλά Χριστούγεννα!**
*(Kalá Christoúgenna!)*
Kroatisch: **Sretan Božić!**
Portugiesisch: **Feliz Natal!**
Tschechisch: **Veselé Vánoce!**
Türkisch: **Mutlu Noeller!**
Ukrainisch: **Щасливого Різдва!**
*(Shchaslyvoho Rizdva!)*

# »WIR SIND WIE GEMACHT FÜR DIESEN JOB«

Sie ziehen den Schlitten des Weihnachtsmannes und bringen Geschenke zuverlässiger als jeder Paketdienst – heißt es zumindest in vielen Geschichten über **Rentiere**. Wir haben eines von ihnen im Wald getroffen und gefragt, was es zum perfekten Helfer macht. Es trägt eine rote Nase und will Rudolph genannt werden

— Text: Simone Müller

(Rudolph steht im Schnee, summt leise „Jingle Bells" vor sich hin und wippt mit der Schnauze im Takt dazu.)

**GEOlino EXTRA:** Hallo Rudolph! Du bist ja schon so richtig in Weihnachtsstimmung.

**Rudolph:** Na klar! Ich mache das immer so: singe Lieder, dekoriere den Schlitten, lege mein Geschirr an. Und wenn es losgeht, bin ich so richtig gut drauf. Soll ich dir mal ein Gedicht aufsagen?

**Ich weiß nicht, eigentlich wollte ich dich fragen ...**
(Rudolph streckt den Rücken durch, richtet den Kopf auf und räuspert sich.)
„Es hatte geschneit,
und der Mondschein lag
so silbern auf allem,
als sei's heller Tag.
Acht winzige Renntierchen
kamen gerannt,
vor einen ganz, ganz
kleinen Schlitten gespannt!
Auf dem Bock saß ein Kutscher,
so alt und so klein,
dass ich wusste, das kann
nur der Nikolaus sein!
Die Renntiere kamen
daher wie der Wind,
und der Alte, der pfiff,
und er rief laut: ..."

**He, hörst du überhaupt noch zu??**
(zuckt zusammen) **Äh, ja, natürlich! Mir ist schon ganz festlich zumute.** Das ist übrigens nicht irgendein Gedicht. Ihm haben wir Rentiere unseren Ruf als Weihnachtsmannhelfer zu verdanken. Geschrieben hat es vermutlich der US-amerikanische Poet Clement C. Moore im Jahr 1823. Er erwähnt darin acht Rentiere, die vor Santas Schlitten gespannt werden. Inzwischen sind wir sogar oft zu neunt, vielleicht, weil das mit den Geschenken überhandgenommen hat ... Unsere Namen kennt in den USA jedes Kind: Dasher, Dancer, Prancer, Vixen, Comet, Cupit, Donner und Blitzen. Ach so, und natürlich Rudolph.

**Und warum ausgerechnet ihr Rentiere und nicht Pferde? Die ackern schließlich auch sonst immer für uns.**
Pferde? Das ist ja wohl zum Wiehern! Die lassen sich im Winter Decken über den Rücken werfen, damit sie nicht frieren! Für die ist der Job absolut nichts!

**Für euch Rentiere aber schon?**
Klar! Wir sind wie gemacht dafür: Die Haare unseres Fells sind innen hohl und mit Luft gefüllt. Das wärmt wie eine Winterjacke, sogar bei minus 35 Grad Celsius! So kalt kann es in unserer arktischen Heimat schon mal

werden. Außerdem können wir unsere großen Hufe so weit spreizen, dass wir nicht im Schnee versinken.

**Wie findet ihr Futter, wenn alles eingeschneit ist? Dieses Schlittengeziehe macht doch sicher hungrig ...**
Dank meines guten Riechers erschnuppern wir leckere Flechten selbst unter der dicksten Schneedecke. Mit den Hufen scharren wir das Grünzeug grob frei (kratzt mit dem linken Vorderhuf am Boden) und wühlen dann mit der Schnauze darin herum. Also so ... (macht auch das Wühlen vor und blickt mampfend wieder auf)

**Ich wusste es doch!**
Was denn? Hab ich was im Gesicht?

**Eben nicht mehr! Du hast gerade deine Nase verloren.**
Na ja, dass wir leuchtend rote Nasen haben, glaubt ja wohl niemand ernsthaft. Die hat mir der Illustrator Robert May 1939 in einem Kindermalbuch angezeichnet. Sie soll mir dabei helfen, auch im Schneegestöber den Weg zu finden. Zehn Jahre später erdachte der Komponist Johnny Marks schließlich das Lied „Rudolph, the Red-Nosed Reindeer". Das brachte uns Rentieren endgültig den Durchbruch! (fängt wieder an zu summen) ▶

Gutes Gespann: Je nach Erzählung ziehen acht oder neun Rentiere den **Schlitten** des Weihnachtsmannes – angeführt von Rudolph

Dafür, dass du grade beim Lügen ertappt worden bist, hast du erstaunlich gute Laune …
Also eine Lüge würde ich das jetzt nicht nennen, vielleicht ist es etwas übertrieben …

Übertrieben? Deine Nase ist rabenschwarz und glänzt höchstens ein bisschen feucht!
Wenn du sie mit bloßem Auge betrachtest. Forschende aus den Niederlanden haben vor zehn Jahren mal eine Wärmebildkamera draufgehalten – und was soll ich sagen? Auf den Aufnahmen leuchtete die Nase tatsächlich rot! Das liegt daran, dass sie so gut durchblutet ist. Das warme Blut heizt die kalte Luft, die wir einatmen, auf. So bleibt unser Hirn immer auf Betriebstemperatur.

Okay, ihr habt also ein super Fell, Hufe wie Schneeschuhe und einen heißen Riecher. Qualifiziert euch sonst noch etwas für den Job als Weihnachtshelfer?

Oh ja! Seit Jahrtausenden ziehen wir für nordische Völker wie die Samen Schlitten. Wir sind einfach begnadete Läufer, manche von uns legen fast 5000 Kilometer im Jahr zurück. Im Winter wandern wir Richtung Süden, im Sommer zurück in den Norden. So geht es hin und her und hin und her … *(schwenkt wild den Kopf von einer Seite zur anderen)*

Achtung, der Ast! Passt auf, dass du nicht mit deinem Geweih …
*(Schon baumelt der Kopfschmuck in den Zweigen, Rudolph steht oben ohne da.)* Ups!

Nicht mal das ist echt?!
Doch, schon. Nur, äh … wie soll ich sagen … nicht um diese Jahreszeit! Wir Männchen werfen unser Geweih schon vor Weihnachten ab, nur die Weibchen tragen ihres den Winter über. In der Zeit sind sie nämlich trächtig und brauchen besonders viel zu fressen. Mit dem Geweih verteidigen sie die besten Futterplätze.

Das heißt, die Rentiere des Weihnachtsmannes tragen alle einen Fake-Fummel auf dem Kopf?
Nicht alle! Die Hälfte davon sind Weibchen, seitdem die Frauenquote eingeführt wurde.

Ihr lasst also Schwangere einen voll bepackten Schlitten ziehen?
Hörst du das Glöckchen klingeln? Das ist mein Chef … *(dreht sich zum Gehen um)*

Ich habe nichts gehört! Vermutlich, weil das wieder so ein fauler Trick von dir ist.
Oder weil du einfach nicht so ein gutes Gehört hast wie ich. Da! Es bimmelt schon wieder! *(klaubt sein Geweih aus dem Busch und setzt sich die rote Nase wieder auf)*

Aber wir sind doch noch nicht fertig! He, Rudolph!
*(dreht sich um und trabt summend durch den Winterwald davon)*

Das ist ja eine schöne Bescherung. ◼

## STECKBRIEF:
# Rentier

**Allgemein:** Bei Rentieren, wissenschaftlich *Rangifer tarandus*, unterscheiden Expertinnen und Experten bis zu 14 Unterarten. Sie leben alle in den arktischen Regionen rund um den Nordpol.

**Größe und Gewicht:** Ein Rentier kann bis zu 2,20 Meter lang und 1,40 Meter hoch (Schulterhöhe) werden. Die Weibchen sind kleiner als ihre männlichen Artgenossen, tragen aber ebenfalls ein Geweih.

**Nahrung:** Gräser, Blätter, Blumen, Flechten, Moose, Pilze – eigentlich alles an Grünzeug.

**Nachwuchs:** Fast jeden Frühling gebären die Hirschkühe je ein Junges. Die Kälber wiegen rund sieben Kilogramm und lernen in wenigen Stunden zu laufen.

● Verbreitungsgebiete

Gehörnt: Nur die Weibchen tragen im Winter ein **Geweih**. Rudolph müsste also eigentlich »Rudolphine« heißen …

Fotos: Shutterstock; Karte: Stefanie Peters

# GUTE WÜN

In der Weihnachtszeit wünschen wir, was das Zeug hält: anderen schöne Feiertage und uns Bücher, **Spiele**, Sportgeräte. Und kaum ist Weihnachten rum, geht's weiter mit dem Wünschen: Jeder von uns erhofft, ersehnt, erträumt sich Dinge für das neue Jahr

— Text: Annika Sartor

»Ich wünsche mir zu Weihnachten ein **Smartphone** mit viel Speicherplatz für Spiele – und das Brettspiel ›Cascadia‹. Außerdem wünsche ich mir, dass meine **Freunde** und Verwandten gesund bleiben.«

**ENNO**
12 Jahre

# SCHE

In den alten Zeiten, wo das Wünschen noch geholfen hat ...“ – zig Märchen beginnen mit genau diesem Satz. Und tatsächlich: In Zauberländern mit Prinzen, Feen und Zwergen scheint es mit dem Wünschen gut zu klappen. Denkt nur an Schneewittchen, deren Mutter sich ein blasses Kind mit roten Wangen und schwarzem Haar erträumte. Oder an Aladin und seinen Geist aus der Wunderlampe. Wie aber erfüllt man sich in der echten Welt Wünsche? Und vor allem: Wer hilft dabei?

## Vorschlag 1:
## Engel und Götter

Früher, in der Antike und im Mittelalter, dachten die Menschen, Engel würden ihre Wünsche erfüllen und das Unmögliche möglich machen. Im 17. Jahrhundert jedoch schwand der Glaube an übernatürliche Wesen. Forschende erkannten die Naturgesetze und suchten lieber nach logischen Erklärungen. Doch: Unsere Bräuche drehen sich noch immer um himmlische Hilfen. Wenn wir eine Sternschnuppe entdecken oder unsere Geburtstagskerzen auspusten, denken wir an unseren größten Wunsch. Warum? Weil schon die alten Griechen Sternschnuppen für heilige Zeichen der Götter hielten und mit Rauch Gebete in die Höhe schickten. Dass man den Wunsch nicht verraten darf, erfanden Menschen wohl erst später dazu.

## Vorschlag 2:
## Eltern und Großeltern

Vorausgesetzt, euer Wunsch ist nicht supergeheim und steht in einem Schaufenster: Teilt ihn euren Eltern und Großeltern mit, am besten in Form eines Wunschzettels. Und seid froh darüber, dass ihr jetzt lebt und nicht im 18. Jahrhundert! Damals nämlich schrieben Kinder in Schönschrift lediglich gute Wünsche für ihre Eltern auf eine Liste, verzierten das Papier aufwendig und lernten ihre Lobrede für den Weihnachtstag auswendig. Der Wunschzettel landete danach gerahmt im Wohnzimmer. Erst am Ende des 19. Jahrhunderts durften Kinder Wünsche für sich selbst aufschreiben. Heute gibt es sogar neun deutsche Weihnachtspostämter, wo die Wunschzettel gesammelt werden – zum Beispiel in Himmelstadt und Engelskirchen. PS: Einen guten Wunsch für die Eltern auf den Wunschzettel zu notieren kann jedoch nach wie vor bei der Erfüllung der eigenen Wünsche helfen ...

## Vorschlag 3:
## Ihr selbst

Ihr wünscht euch, eine tolle Sportlerin zu werden oder Gitarre zu spielen wie ein Rockstar? Dann müsst ihr: üben. Und das nicht zu knapp. Manche Wünsche lassen sich ohne eigene Anstrengung eben nicht erfüllen. Aber auch die Kraft der Gedanken solltet ihr nicht unterschätzen: Forschende fanden heraus, dass wir unbewusst unser Verhalten ändern, wenn wir fest an etwas glauben. Wer sich zum Beispiel neue Freundinnen und Freunde wünscht und davon überzeugt ist, welche zu finden, wird mutig auf andere zugehen – und ist dann vielleicht bald schon wunschlos glücklich. ∎

»Zu Weihnachten wünsche ich mir ein **Mountainbike** mit Federung, Schlüsselanhänger zum Selbermachen und **Frieden** für die Ukraine.«

**HELENE**
10 Jahre

**BENNO**
12 Jahre

»Ich wünsche mir, dass jeder so akzeptiert wird, wie er ist. Und dass ich später **Modedesigner** werde, denn das ist mein Traum! Zu Weihnachten wünsche ich mir Airpods und **Marker** zum Zeichnen.«

Zimtbrezeln

Sprechblasen-Cookies

Cantuccini

# DIE KRIEGT IHR GEBACKEN

Zimtbrezeln statt Zimtsterne, **Sprechblasen-Cookies** als Ausstechplätzchen: Diese kreativen Varianten von vier Keks-Klassikern sind der Kracher – und noch dazu ganz einfach nachzubacken

Gewürz-Shortbread

Hier geht's zu den Rezepten!

## Zimtbrezeln

Für etwa 50 Stück

Zubereitungszeit: 60 Minuten
Kühlzeit: 30 Minuten
Backzeit: 12–15 Minuten pro Backblech

Schwierigkeitsgrad:

### ZUTATEN:

200 g weiche Butter • 180 g Zucker • 1 Prise Salz • 1 Ei (Größe M) • 1 Eiweiß • 300 g Mehl, etwas Mehl zum Bearbeiten • 100 g geröstete, gemahlene Haselnüsse • 10 g gemahlener Zimt • 1 Eigelb • 1 EL Milch • 2 EL Puderzucker • 1 TL Zimt

### GERÄTE:

Rührschüssel • Handrührgerät mit Quirlen • Schüssel • Frischhaltefolie • Backbleche • Backpapier

**1** Gebt die Butter, den Zucker und die Prise Salz in eine Rührschüssel und rührt sie mit den Quirlen des Handrührgerätes cremig. Gebt das Ei und das Eiweiß nacheinander dazu und rührt es gründlich unter. Mischt Mehl, Haselnüsse und Zimt in einer Schüssel, gebt alles zur Buttermasse dazu und verrührt die Zutaten kurz zu einem glatten Teig. Formt den Teig zu einem flachen **Ziegel** und legt ihn in Frischhaltefolie gewickelt für 30 Minuten in den Kühlschrank.

**2** Heizt den Ofen auf 180 Grad Celsius vor (Umluft 160 Grad Celsius). Teilt den gekühlten Teig in walnussgroße Portionen und rollt ihn auf einer leicht bemehlten Arbeitsfläche zu etwa 16 cm langen **Strängen**. Formt daraus die Brezeln und legt sie mit einem Abstand von etwa 2 cm auf mit Backpapier belegte Bleche.

**3** Verquirlt **Eigelb** und Milch und bestreicht die Brezeln damit dünn. Backt sie im vorgeheizten Ofen auf der mittleren Schiene etwa 12 bis 15 Minuten.

**4** Mischt Puderzucker und Zimt. Nehmt die fertigen Brezeln aus dem Ofen, bestäubt sie noch heiß mit der **Zimtmischung** und lasst sie auf dem Backpapier abkühlen.

## Cantuccini

Für etwa 100 Stück

Zubereitungszeit: 40 Minuten
Abkühlzeit: 30 Minuten
Backzeit: 30 Minuten plus 15 Nachbackzeit

Schwierigkeitsgrad:

### ZUTATEN:

125 g weiche Butter • 200 g Zucker • 3 Eier (Größe M) • 1 Prise Salz • 350 g Mehl, etwas Mehl zum Bearbeiten • 100 g Maismehl • 1½ TL Backpulver • 3–4 EL Orangensaft • 280 g helle oder dunkle Schokolade, Nüsse, Pistazien oder Trockenfrüchte • 1 Päckchen Vanillezucker

### GERÄTE:

Rührschüssel • Handrührgerät mit Quirlen • Mixbecher • Schüssel • Brett • scharfes Messer • Backbleche • Backpapier

**1** Heizt den Ofen auf 180 Grad Celsius vor (Umluft 160 Grad Celsius). Gebt Butter und Zucker in eine Rührschüssel und schlagt sie kurz mit den Quirlen das Handrührgerätes auf. Trennt die **Eier**, gebt die Eigelbe nach und nach dazu und rührt sie gut unter.

**2** Gebt die Eiweiße mit einer Prise Salz in einen Mixbecher und schlagt sie steif. Stellt einen Esslöffel vom **Eischnee** beiseite. Mischt Mehl, Maismehl und Backpulver und hackt Schokolade, Nüsse und Früchte grob.

**3** Rührt den Mehlmix abwechselnd mit dem **Orangensaft** in die Buttermasse und gebt zum Schluss die gehackten Zutaten dazu. Formt aus dem Teig auf einer bemehlten Fläche vier Rollen mit je 20 cm Länge und legt sie auf ein mit Backpapier belegtes Backblech. Bestreicht sie mit dem restlichen Eischnee und bestreut sie mit dem Vanillezucker.

**4** Backt die Cantuccini im vorgeheizten Ofen etwa 30 Minuten goldbraun. Nehmt sie heraus und lasst sie 30 Minuten abkühlen. Schneidet sie schräg in 2 cm dicke **Scheiben** und legt sie nebeneinander auf zwei mit Backpapier belegte Bleche. Backt ein Blech nach dem anderen weitere 15 Minuten bei 160 Grad Celsius (Umluft 140 Grad Celsius), bis sie gebräunt und hart sind. Nehmt sie heraus und lasst sie vollständig abkühlen.

Praktisch! Für die Cantuccini könnt ihr alle möglichen **Reste** von Nüssen, Trockenfrüchten oder Schokolade verwenden.

Shortbread ist ein süßes Mürbeteiggebäck aus **Schottland**. Wir verpassen ihm mit Lebkuchengewürz eine weihnachtliche Note.

# Gewürz-Shortbread

**Für etwa 40 Stück**

Zubereitungszeit: **30 Minuten**
Kühlzeit: **50 Minuten**
Backzeit: **etwa 20 Minuten pro Blech**

Schwierigkeitsgrad:

## ZUTATEN:
225 g weiche Butter • 120 g feiner Zucker • ¼ TL Salz • 225 g Mehl, etwas Mehl zum Bearbeiten • 110 g Speisestärke • 3 g Lebkuchengewürz

## GERÄTE:
Rührschüssel • Handrührgerät mit Quirlen • Schüssel • Frischhaltefolie • Rollholz • Gabel • Messer • Backbleche • Backpapier

**1** Gebt Butter, Zucker und Salz in eine Rührschüssel schlagt sie mit den Quirlen des Handrührgerätes schaumig. Mischt Mehl, Stärke und **Lebkuchengewürz** und knetet alles mit den Händen kurz unter die Buttermasse, bis ein glatter Teig entstanden ist. Formt den Teig zu einem Ziegel, wickelt ihn in Frischhaltefolie und legt ihn für mindestens 20 Minuten in den Kühlschrank.

**2** Rollt den Teig auf einer bemehlten Arbeitsfläche 1 cm dick zu einem Rechteck aus. Stecht ihn mit einer Gabel mehrfach ein und schneidet ihn in etwa 2 cm breite und 8 cm lange **Streifen**. Legt diese mit etwas Abstand zueinander auf zwei mit Backpapier belegte Bleche und stellt alles für weitere 30 Minuten kalt. Heizt den Ofen auf 170 Grad Celsius vor (Umluft 150 Grad Celsius).

**3** Backt die Shortbreads auf der mittleren Schiene im vorgeheizten Ofen jeweils 20 Minuten. Nehmt sie heraus, lasst sie kurz abkühlen und gebt sie auf ein **Gitter**, bis sie vollständig abgekühlt sind.

# Sprechblasen-Cookies

**Für etwa 40 Stück**

Zubereitungszeit: **60 Minuten**
Kühlzeit: **30 Minuten**
Backzeit: **10–12 Minuten pro Backblech**

Schwierigkeitsgrad:

## ZUTATEN:
**TEIG:** 150 g weiche Butter • 80 g feiner Zucker • 1 Prise Salz • 1 Ei (Größe M), getrennt, das Eiweiß kommt in den Guss • Mark von einer Vanilleschote • Schalenabrieb von einer Bio-Zitrone • 200 g Mehl, etwas Mehl zum Bearbeiten • 100 g blanchierte, gemahlene Mandeln
**GUSS:** 250 g Puderzucker • 1–2 TL Zitronensaft

## GERÄTE:
Rührschüssel • Handrührgerät mit Quirlen • Ausstechformen in Sprechblasenform • Frischhaltefolie • Rollholz • Backbleche • Backpapier

**1** Gebt die Butter, den Zucker und die Prise Salz in eine Rührschüssel und schlagt sie kurz mit den Quirlen des Handrührgerätes auf. Fügt das Eigelb, das Mark der Vanilleschote und die **Zitronenschale** dazu und rührt alles unter. Knetet Mehl und Mandeln kurz unter die Buttermasse, bis ein glatter Teig entstanden ist. Formt diesen zu einem Ziegel, wickelt ihn in Frischhaltefolie und legt ihn für mindestens 30 Minuten in den Kühlschrank.

**2** Heizt den Ofen auf 180 Grad Celsius vor (Umluft 160 Grad Celsius). Rollt den **Teig** auf einer bemehlten Arbeitsfläche etwa 3 mm dick aus und stecht die Plätzchen aus. Gebt sie auf zwei mit Backpapier belegte Bleche. Backt sie auf der mittleren Schiene im vorgeheizten Ofen jeweils 10 bis 12 Minuten leicht braun. Nehmt die Plätzchen heraus und lasst sie vollständig abkühlen.

**3** Verrührt das übrig gebliebene Eiweiß mit dem Puderzucker und dem Zitronensaft zu einer dicken Creme. Färbt diese nach Belieben mit **Lebensmittelfarbe** ein. Formt aus Backpapier kleine Spritztütchen, füllt den Guss ein und verziert eure Plätzchen. Lasst den Guss fest werden.

Rezepte u. Foodstyling: Julia Luck; Fotos: Jorma Gottwald; Styling: Anita Rehbock

# AUF DEN SPUREN VON JESUS

Ohne Jesus Christus würde es Weihnachten gar nicht geben. Schließlich feiert ein Großteil der über zwei Milliarden Christen auf der ganzen Welt vom 24. bis zum 26. Dezember dessen Geburt. Um diese und viele weitere Stationen aus Jesus' Leben ranken sich viele **Geschichten**. Welche davon sind wahr und welche eine Legende?

Text: Heiko Kammerhoff —— Illustration: Veronika Kieneke

# WER SCHRIEB DIE BIBEL?

Die Bibel des Christentums hat viele, zumeist unbekannte Autoren. Sie besteht aus zwei großen Teilen: Das „Alte Testament" berichtet unter anderem von der Schöpfung der Erde, der Tiere und uns Menschen. Es wurde in vielen einzelnen Büchern über mehrere **Jahrhunderte** hinweg verfasst. Das daran anschließende „Neue Testament" erzählt vor allem davon, wie Jesus Christus gelebt und was er getan hat. Die wohl bedeutsamsten Abschnitte darin, die Evangelien, stammen von den **Evangelisten** Matthäus, Markus, Lukas und Johannes. Sie beruhen jeweils auf mündlichen Überlieferungen und inzwischen verloren gegangenen schriftlichen Quellen. Aufgeschrieben wurden sie zwischen 70 und 100 nach Christus, also mindestens 40 Jahre nach Jesus' Tod. Trotz der Übereinstimmungen in wichtigen Passagen unterscheiden sie sich an vielen Stellen und zeichnen daher kein einheitliches Bild von dessen Leben. Wissenschaftlerinnen und Wissenschaftler versuchen trotzdem, die echte Biografie von Jesus wie ein **Puzzle** zusammenzusetzen.

# DAS »CHRISTKIND« IN BETHLEHEM

## Was steht in den Evangelien?

Es ist bei Lukas eine Szene wie im Märchen: Josef und die hochschwangere Maria finden keine Unterkunft in Bethlehem und müssen nun im Stall zwischen Ochs und Esel übernachten (mehr dazu lest ihr auf Seite 16). Nach seiner Geburt liegt das Jesuskind, in Windeln gewickelt, in einer **Futterkrippe** auf Stroh. Das Ereignis bleibt nicht unbemerkt. Denn ein Engel überbringt einigen Hirten auf den Feldern die frohe Botschaft: „Euch ist heute der Heiland geboren." An anderer Stelle bei Matthäus weist ein heller Stern den Weisen aus dem Morgenland den Weg nach Bethlehem. Sie wollen dem Heiland huldigen und ihm wertvolle Geschenke bringen.

## Was sagt die Forschung?

Die „Weihnachtsgeschichte" beschreibt eine idyllische Szene. Allen, die von der „stillen, heiligen Nacht" hören oder lesen, wird ganz feierlich zumute. Wie schön! Doch die Forschenden sind sich weitgehend einig, dass die Geschichte eine reine **Legende** ist. Zwar sind die Evangelien mit Hinweisen darauf gespickt, dass das Kind Gottes Sohn ist. Außerdem bemühen sich die Autoren darum, die Geschichte in Einklang mit dem Alten Testament zu bringen. Dort wird nämlich prophezeit, der „Erlöser" werde aus Bethlehem stammen – aus der Heimatstadt des alten israelischen Königs David. Es braucht also eine gute Erklärung, warum Maria und Josef von **Nazareth** nach Bethlehem gewandert sind. Aber die Geschichte passt mit den historischen Begebenheiten nur schwer zusammen. ▶

# DER JUNGE JESUS

## Was steht in den Evangelien?

Um es einmal klarzustellen: Jesus wächst im jüdischen Glauben auf, das Christentum gibt es zu seinen Lebzeiten noch nicht. Eine kurze Episode bei Lukas erzählt, wie Jesus als Zwölfjähriger mit seinen Eltern und einer Pilgergruppe die im Judentum heilige Stadt **Jerusalem** besucht. Bei der Rückfahrt verlieren sie ihren Sohn aus den Augen und finden ihn erst nach drei Tagen im Jerusalemer Tempel wieder, wo er mit den Ältesten und Schriftgelehrten diskutiert. Hier sagt Jesus Christus das erste Mal, dass er Gottes Sohn sei.

## Was sagt die Forschung?

Die ersten 30 Jahre im Leben von Jesus von Nazareth liegen wie in einem dichten Nebel. Seine Geschwister treten nur als Randfiguren auf. Der Bericht mit dem Ausflug nach Jerusalem in den Tempel ist die einzige große Kindheits-geschichte in den Evangelien und nicht wirklich belegt. Als Zwölfjähriger soll Jesus sich bereits bestens mit den Schriften des Judentums auskennen? Das mag man kaum glauben. Weil die Fakten so mager sind, versuchen sich die Forschenden auf archäologische Funde und andere Zeugnisse aus der Zeit zu stützen. Die meisten gehen davon aus, dass Jesus als junger Erwachsener wie sein Vater Josef als *tekton* arbeitet, als **Handwerker**. Haben die beiden vielleicht gemeinsam in der benachbarten Stadt Sepphoris aus Stein und Holz Wohnhäuser errichtet? Das wäre gut möglich. Denn Nazareth selbst ist nur eine kleine, unbedeutende Siedlung auf dem Land. Anders als etwa in Jerusalem, wo man überwiegend Griechisch spricht, verständigt sich Jesus in aramäischem Dialekt. Aber wie sieht er aus? Trägt er seine Haare kurz oder lang? Hat er einen Bart? Das weiß man nicht. Vermutlich kleidet er sich traditionell jüdisch, in einem umgeschlagenen **Stoffgewand**, vielleicht mit Fransen. Und seine Hautfarbe ist wohl dunkler, als sie später in den meisten Gemälden abgebildet wird.

# DER PREDIGER

## Was steht in den Evangelien?

Mit etwa 30 Jahren verlässt Jesus seine Familie und lässt sich von dem jüdischen Prediger Johannes taufen. Bald geht er seiner eigenen Wege, wird selbst zum Prediger und zieht durch Galiläa. Zu den Menschen spricht er auf sandigen Hügeln, in den Hütten der Fischer oder auf den Höfen der Bauern. Schon bald verkündet er in seiner Bergpredigt die zentrale Botschaft des späteren Christentums: das Gebot der Nächstenliebe. Mit scharfen Worten verurteilt er die Raffgier der oberen Schichten: „Eher kommt ein Kamel durch ein Nadelöhr, als dass ein Reicher ins Himmelreich gelangt." Oder er prangert Gewalt und Krieg an: „Wer zum Schwert greift, wird durch das Schwert umkommen." Was seine eigene Person angeht, erklärt er selbstbewusst: „Wer nicht für mich ist, ist gegen mich." All das kommt an, bald schart sich eine treue Anhängerschaft um ihn.

## Was sagt die Forschung?

Es gibt keinen Zweifel daran, dass Jesus vermutlich etwa ein Jahr lang als Wanderprediger in Galiläa umhergezogen ist. Dabei durchstreift er vor allem das Gebiet um die kleine Stadt Kapernaum am Ufer des Sees Genezareth. Dort müssen Jesus und seine Gruppe für großes Aufsehen gesorgt haben. Denn seine Botschaften sind für damalige Zeiten radikal. Jesus ist zwar nicht der einzige jüdische Prediger, der seine „Wahrheit" über Gott und die Welt unter die Leute bringt. Aber er scheint eine ganz besondere Ausstrahlung zu haben, seine Gleichnisse regen zum Nachdenken an, und seine Mahnungen klingen neu und kraftvoll. Zudem trifft er mit seinen Worten auf offene Ohren. Denn die Gesellschaft ist in wenige Reiche und viele Arme gespalten. Und die meisten Jüdinnen und Juden in Galiläa warten auf den Messias, der sie wie von Gott versprochen von ihren Leiden erlöst. Wenn sie ihm und seinen Lehren folgen, werde das tatsächlich geschehen, verspricht Jesus und sagt: „Das Reich Gottes ist mitten unter euch." Viele halten das für unwiderstehlich und schließen sich ihm an. ▶

# DIE WUNDER

## Was steht in den Evangelien?

Jesus lässt seinen schönen Worten oftmals gute Taten folgen: Auf seinen Wanderungen trifft er Menschen, die an körperlichen oder seelischen Gebrechen leiden. Er heilt sie, indem er ihnen seine Hände auf die Stirn legt. Oder er befreit sie mit genau dem richtigen Zuspruch von ihren Sorgen und Qualen. So lässt er mehrmals Blinde wieder sehen, Gehörlose Töne wahrnehmen, Gelähmte sich wieder aufrappeln. Einmal vermehrt Jesus durch Gebete fünf Laibe **Brot** und zwei Fische, sodass 5000 hungrige Männer und Frauen davon satt werden.

## Was sagt die Forschung?

Die einzigen Quellen für die vielen Wunder von Jesus sind die Evangelien selbst. Wer Jesus Christus für Gottes Sohn hält, wird seine übernatürlichen Fähigkeiten für echt halten. Doch vielleicht übertreiben die Autoren in ihren Schilderungen manche Ereignisse schlicht. So könnte ein normales **Festmahl** sich in der mündlichen Überlieferung – ähnlich wie beim Spiel „Stille Post" – über die Jahre zu dem Wunder der „Speisung der Fünftausend" verwandelt haben. Oder die Geschichte soll als Vorbild für Gläubige dienen, mit **Bedürftigen** zu teilen. Trotz seiner radikalen Predigten und fraglichen Wunder findet Jesus über seine Heimat Galiläa hinaus offenbar kaum Beachtung. In Jerusalem, dem Zentrum des Judentums, hat zu dieser Zeit fast niemand von ihm gehört. Das möchte Jesus nun ändern …

# DIE KREUZIGUNG

## Was steht in den Evangelien?

Kurz vor dem jüdischen Passahfest reitet Jesus auf einem Esel nach Jerusalem. Seine Anhängerinnen und Anhänger scharen sich um ihn und rufen „Hosianna!" und „Der Herr ist gekommen!". Schließlich schlägt Jesus den Weg zum Tempel ein. Dort wirft er die Tische der Geldwechsler um. Was für eine Provokation! Damit fordert Jesus die Machthabenden in der Stadt heraus. Noch schafft er es, unbescholten davonzukommen und in seiner Herberge mit den Jüngern das letzte **Abendmahl** zu feiern: Er teilt mit ihnen Brot und Wein und beauftragt sie, genau dies zu seinem Gedächtnis später immer wieder zu tun. Aber er äußert auch sehr düstere Vorahnungen – und alle treten ein! Sein Jünger Judas verrät ihn, und Jesus wird festgenommen. Aber nicht nur, weil er im Tempel randaliert hat. Die Hohepriester sehen in ihm eine Bedrohung: Er kommt so gut bei den Menschen an, dass sie fürchten, Jesus könne ihnen Macht und Einfluss streitig machen. Am nächsten Morgen wird er vom römischen Statthalter Pontius Pilatus wegen Aufrührerei zum Tode verurteilt. Stunden später stirbt Jesus am Kreuz auf dem Hügel von Golgatha.

## Was sagt die Forschung?

Als Jesus in Jerusalem einreitet, schieben sich Tausende Pilger durch die engen Gassen. Alle sind aufgeregt, voller Vorfreude auf das Passahfest. Es ist also gut möglich, dass die Ankunft von Jesus gänzlich unbemerkt bleibt. Und wahrscheinlich haben die jüdischen Hohepriester keine Ahnung, wer dieser Mann ist, der im **Tempel** für Aufruhr sorgt. Deshalb kann Jesus zunächst unerkannt entkommen. Warum aber wird er später gleich zum Tode verurteilt? Die Hohepriester wollen den lästigen Störenfried wohl schnell loswerden. Und der römische Statthalter Pontius Pilatus gilt als gnadenlos und gefürchtet. Ihm dürfte das Schicksal des unbekannten jüdischen Predigers egal sein. Mit Jesus werden an diesem Tag noch zwei weitere Verurteilte nach **Golgatha** gebracht, darunter ein Dieb. Angeblich hängt Jesus sechs Stunden am Kreuz, bevor er stirbt. Wenn die Geschichte von Jesus hier geendet hätte, wäre uns sein Name vermutlich heute nicht bekannt und die Weltgeschichte anders verlaufen. ▶

# DIE AUFERSTEHUNG

## Was steht in den Evangelien?

Der leblose Körper hängt am Kreuz. Ein Jünger von Jesus bittet Pilatus darum, den Leichnam abnehmen zu dürfen. Er bestattet ihn in einem **Höhlengrab** und lässt einen schweren Stein vor dessen Eingang schieben. Was dann passiert, steht in den vier Evangelien sehr ähnlich: Am dritten Tag nähern sich Maria Magdalena, eine der treuesten Jesus-Anhängerinnen, und weitere Frauen dem Grab. Es steht offen – und ist leer! Es tritt ein Engel in Erscheinung und verkündet Jesus' Auferstehung. Damit geschieht, was Jesus seinen Jüngern prophezeit hatte. Noch am gleichen Tag und auch noch später begegnet er ihnen auf Erden und erinnert sie daran, seine frohe Botschaft in die Welt zu tragen.

## Was sagt die Forschung?

Der Leichnam von Jesus Christus ist nie gefunden und identifiziert worden. Was also ist mit ihm passiert? Hat ihn jemand verschwinden lassen? Und wenn ja, warum? Die beste Spürnase der Welt könnte das rätselhafte Geschehen vor 2000 Jahren nicht mehr aufklären. Trotzdem ist die geheimnisvolle Auferstehung von Jesus der Beginn einer **Weltreligion**. Die Geschichte darüber verbreiten seine Anhängerinnen und Anhänger zusammen mit Jesus' Botschaften weiter und begründen schließlich das **Christentum**. Wir wissen also einiges über Jesus: etwa, dass er wirklich gelebt hat, aber nicht in der Krippe in Bethlehem geboren wurde. Dass er ein Mann großer und kluger Worte war, aber wohl keine Wunder vollbracht hat. Dass er am Kreuz gestorben ist ... Das mit der Auferstehung ist letztlich einfach – eine Frage des Glaubens. ■

# DAS IST IHR JOB

Kinder beschenken, Spielzeug schnitzen, für andere da sein: Viele **Berufe** klingen unglaublich spannend. Sind sie es wirklich? Wir machen den Check

—— **Protokolle: Dela Kienle**

Raphaela Haude macht Männchen – und andere **Weihnachtsfiguren**. In ihrer Ausbildung lernt sie, wie man diese aus Holz fertigt und bemalt. Hier arbeitet sie an einem Stufenbaum

Vom Baumschmuck bis zum Hampelmann: Die Spielzeugmacherei verkauft vor allem **Weihnachtsdeko**, stellt aber auch Osterhasen, Zwerge und Tierfiguren her

Rangeklotzt: Die Spielzeugmacherin verwendet vor allem Holz von Rot- oder Weißbuchen. Die Stücke bearbeitet sie in der **Werkstatt** etwa mit einer Fräsmaschine oder an der Drechselbank. Andere Teile schnitzt sie von Hand

## RAPHAELA HAUDE, 19:

# HOLZSPIELZEUGMACHERIN

**Arbeitsort:** mein Ausbildungsbetrieb in Seiffen im Erzgebirge und die dortige Holzspielzeugmacher- und Drechslerschule. Ich bin jetzt im zweiten Lehrjahr.

**So sieht mein Alltag aus:** In der Lehrwerkstatt der Berufsschule stehe ich häufig an der Drehbank und übe Drechseln: Dabei dreht sich ein Holzstück schnell um seine Achse, während ich mit einem Werkzeug seine Form bearbeite. Wir lernen auch Schnitzen und wie man Figuren sorgfältig bemalt. Das Erzgebirge ist ja berühmt für seine hölzernen Nussknacker, Räuchermännchen, Schwibbögen und Pyramiden. Wenn ich im Betrieb arbeite, setze ich meistens Holzfiguren zusammen. Viele sind ganz traditionell, aber wir stellen auch einige her, die ungewöhnlich und lustig sind. Während der Corona-Pandemie wurde zum Beispiel unser „Virologen"-Räuchermann ein Hit. Der sieht aus wie Christian Drosten, und der Rauch kommt nicht aus dem Mund, sondern aus dem Kopf.

**Ich bin Spielzeugmacherin geworden, weil ...** ich in diesem Beruf meine Talente gut einsetzen kann. Ich habe schon immer gern gemalt und gebastelt, und ich wollte mit Holz arbeiten. Weil mein Vater aus dem Erzgebirge stammt, stand bei uns an Weihnachten alles voll mit Räuchermännchen, Nussknackern und Schwibbögen.

**Das mag ich besonders an meinem Job:** Ich mache nicht nur etwas am Computer, sondern halte am Ende wunderschöne Figuren in der Hand. Menschen aus aller Welt kaufen sie und schmücken damit an Weihnachten ihr Haus. Das finde ich eine tolle Vorstellung.

**Manchmal nervt mich ...** wenn sich Holz verzogen hat oder der letzte Arbeitsschritt nicht genau genug war. Dann will ich eine Figur zusammensetzen – aber die Stücke passen nicht hundertprozentig zusammen.

**Diese besonderen Fähigkeiten brauche ich:** Ruhe, um die Arbeit sauber zu machen, und Liebe zum Detail. Mit Hektik kommt man hier nicht weit.

**Das Schönste an Weihnachten ist für mich ...** die besondere Stimmung. Einfach das Gefühl: Jetzt ist endlich Weihnachten!

Fleißarbeit: Manchmal fertigt Raphaela Haude keine kompletten **Figuren**, sondern übernimmt einzelne Arbeitsschritte und klebt einem Schneemann nach dem anderen die Nase auf

**Actionfaktor:** ✸ ✩ ✩ ✩ ✩

**Ist was für:**

 Kreative    Geschickte    Einzelgänger

Fotos: Sven Döring/laif für GEOlino EXTRA, Shutterstock (l. o.)

**39**

Im Weihnachtsfieber: Marianne Jahn sorgt bei Kindern aus benachteiligten **Familien** für festliche Stimmung

Abgeliefert: Wer nicht zur Feier im Jugendhaus kommen kann, dem bringt Arche-Mitarbeiter Samuel Meinert das ersehnte **Geschenk** nach Hause

### MARIANNE JAHN, 35:
# SOZIALPÄDAGOGIN

**Arbeitsort:** das Kinder- und Jugendhaus der Hilfsorganisation „Die Arche" in Meißen – und am 24. Dezember zu Hause bei bedürftigen Familien

**So sieht mein Arbeitsalltag aus:** Als Sozialpädagogin begleite ich das ganze Jahr über Kinder und Jugendliche, die aus benachteiligten Familien kommen und die zusätzliche Liebe und Aufmerksamkeit brauchen. Sie bekommen nach der Schule bei der Arche ein warmes Essen, können spielen und Hausaufgaben machen. In der Weihnachtszeit wollen wir allen Kindern besonders viel Geborgenheit schenken: Wir backen gemeinsam, basteln, singen und üben ein Theaterstück für unsere Weihnachtsfeier ein. Auf die fiebert jeder hin! Es gibt ein richtig schönes Essen mit Klößen und Rotkraut, die Theater- und die Tanzgruppen treten auf ... Und jedes Kind darf sich für die Bescherung ein eigenes Geschenk wünschen. Zu Hause ist das oft nicht möglich. Ihr könnt euch vorstellen, wie die Jungen und Mädchen sich freuen! Am 24. Dezember selbst fahren wir zu den Familien und bringen ihnen eine hübsch gepackte Lebensmittelkiste. Die enthält dann auch etwas Besonderes wie Stollen oder Kakao – Dinge, die sich die Familien sonst nicht leisten können.

**Ich bin Sozialpädagogin geworden, weil ...** jeder Mensch wertvoll und einzigartig ist. Und gerade an Weihnachten soll es eben nicht nur um mich und meine eigene Familie gehen. Ich finde es wichtig, auch an andere zu denken, die es nicht so gut haben.

**Das mag ich besonders an meinem Job:** Da fällt mir vieles ein. Aber im Advent ist es vor allem die kindliche Vorfreude, die bei uns im ganzen Haus zu spüren ist.

**Manchmal nervt mich ...** wenn ich durch die vielen Vorbereitungen im Büro weniger bei den Kindern sein kann. Um die Weihnachtszeit richtig schön zu machen, fangen wir teils schon im Sommer mit den Planungen an.

**Diese besonderen Fähigkeiten brauche ich:** Organisationstalent, ein großes Herz – und ganz viel Leidenschaft, um etwas Tolles für die Kinder zu schaffen.

**Das Schönste an Weihnachten ist für mich ...** die Gemeinschaft! Bei den Vorbereitungen für das Fest rücken wir alle noch näher zusammen.

**Actionfaktor:**

**Ist was für:**
Teamworker  Organisationstalente

Bühne frei! Während der **Weihnachtsfeier** im Jugendhaus führen die Jungen und Mädchen ein Theaterstück auf

## KLAUS-DIETER KRÖGER, 63:
# MIET-WEIHNACHTSMANN

**Arbeitsort:** Einkaufszentren, Kindergärten ... und an Heiligabend besuche ich acht bis zehn Berliner Familien zu Hause.

**So sieht mein Arbeitsalltag aus:** Die Wochenenden vor Weihnachten verbringe ich meist auf einem Thron in einem Einkaufszentrum. Dort plaudere ich mit vielen Kindern und lasse mich mit ihnen fotografieren. Die Familienbesuche hingegen bereite ich ganz genau vor, indem ich heimlich mit den Eltern telefoniere: Wo finde ich den Geschenkesack, wie heißen die Kinder, wollen sie ein Gedicht aufsagen? Mit einem Rentierschlitten kann ich leider nicht vorfahren. Meist poltere ich stattdessen einfach an die Tür, rufe laut „Hohoho!" – und dann stehen schon die aufgeregten Kinder vor mir. Übrigens habe ich nicht den Eindruck, dass es den Kleinen vor allem um ihre Geschenke geht. Solange ich im Haus bin, dreht sich alles nur um mich – den Weihnachtsmann!

**Ich bin Weihnachtsmann geworden, weil ...** ich total danach aussehe! Früher habe ich die Rolle nur für Verwandte übernommen. Seit acht Jahren mache ich es professionell.

**Das mag ich besonders an meinem Job:** Strahlende Gesichter! Es ist wahnsinnig dankbar, als Weihnachtsmann aufzutreten. Alle freuen sich, wenn sie dich sehen!

**Manchmal nerven mich ...** die Wünsche einiger Eltern. Manche wollen, dass ich als Weihnachtsmann die kleine Lia ermahne, doch bitte künftig mehr zu essen ... und Lukas sage, er soll seine Zähne besser putzen. Ich glaube nicht, dass solche Sprüche an Heiligabend helfen.

**Diese besonderen Fähigkeiten brauche ich:** Einfühlungsvermögen und Fingerspitzengefühl. Und ich bin froh über meinen weißen Naturbart. Der hilft einfach sehr dabei, echt zu wirken!

**Das Schönste an Weihnachten ist für mich ...** bis in den Abend hinein zu arbeiten. Ja, wirklich! Der Weihnachtsmannjob macht für mich die Festtage richtig aufregend.

**Actionfaktor:**

**Ist was für:**
Einzelgänger

Fotos: „Die Arche" Kinderstiftung (l.); privat (r. o.); Christian Sommer (r. o.); Shutterstock

Ob Santa Claus oder **Nikolaus**: Für seine Einsätze als Gabenbringer schlüpft Klaus-Dieter Kröger in verschiedene Kostüme

Gefragt: Für Heiligabend ist Klaus-Dieter Kröger meist Monate im Voraus ausgebucht. Als Miet-Weihnachtsmann besucht er nicht nur Kinder zu Hause, sondern steht auch für **Fotoshootings** und Filmaufnahmen vor der Kamera

# Zahlen, bitte!

**76** Prozent der Deutschen naschen zur Adventszeit am liebsten **Plätzchen**. Diese sind damit die beliebteste Weihnachtssüßigkeit, gefolgt von Lebkuchen und Schoko-Weihnachtsmännern.

**14,6** Prozent weniger **Besuche** und Reisen aufgrund der Corona-Pandemie: Im Jahr 2020 fuhren und flogen deutlich weniger Menschen zwischen Weihnachten und Silvester zu Verwandten, Bekannten und in den Urlaub.

**6** von zehn **Menschen** in Deutschland können sich vorstellen, Weihnachten allein zu verbringen.

Etwa **2500** **Weihnachtsmärkte** versorgten uns vor der Corona-Pandemie hierzulande in der Adventszeit mit gebrannten Mandeln, Punsch und Co. Sie wurden von bis zu 80 Millionen Menschen teils mehrfach besucht.

**1.** Platz auf der Liste der beliebtesten traditionellen **Weihnachtslieder**: „Stille Nacht, heilige Nacht".

## GUTE NACHRICHT

# 20

Prozent mehr als im Jahresdurchschnitt spenden die Deutschen im Dezember, um anderen Menschen, Tieren, der Kultur oder etwa der **Natur** zu helfen.

Jeder **4.** gerät hierzulande am Fest der Liebe in einen **Streit**.

Bis zu **30 000 000** **Weihnachtsbäume** aller Art schmücken an den Festtagen deutsche Wohnzimmer. Immer mehr davon stehen im Topf und besitzen noch Wurzeln.

**51** Prozent, also etwas mehr als die Hälfte der Deutschen, wären laut einer Umfrage dazu bereit, auf **Geschenkpapier** zu verzichten, um die Umwelt zu schonen.

**10** Prozent mehr **Müll** als im Jahresdurchschnitt landet in der Zeit zwischen Weihnachten und Neujahr in Tonnen und Säcken.

Gut **4** Wochen vor Weihnachten, also im November, besorgen die meisten ihre **Weihnachtsgeschenke**.

**25** Prozent mehr **Strom** als an normalen Wintertagen verbrauchen deutsche Haushalte am 25. Dezember durchschnittlich.

Ganzer Haufen: Geschätzt 190 Millionen **Rote Landkrabben** leben im Regenwald auf der Weihnachtsinsel. Einmal im Jahr krabbeln sie zur Küste

# Rotes Wunder

Auch wenn ihr Name vielversprechend klingt: Auf der **Weihnachtsinsel** ist nicht das ganze Jahr lang Weihnachten. Die Insel heißt so, weil sie am 25. Dezember 1643 entdeckt wurde. Dennoch: Pünktlich zum Fest sorgt Jahr für Jahr ein Spektakel für Aufsehen – die Wanderung der Roten Landkrabben

**Text: Verena Linde —— Fotos: Ingo Arndt**

Kein Fels zu steil, keine Straße zu gefährlich: Die Krabben zieht es Richtung **Strand**. Dort buddeln die Männchen Bruthöhlen in den Sand, in denen sie sich mit den Weibchen paaren

Freie Bahn für Achtbeiner! Damit die Tiere unbeschadet ans Ziel gelangen, werden auf der Insel zeitweise **Straßen** und Brücken gesperrt

ROAD CLOSED
RED CRAB MIGRATION
NO ENTRY BY VEHICLES
BEYOND THIS POINT

**W**enn sich das Jahr dem Ende neigt, geschieht auf der Weihnachtsinsel im Indischen Ozean das Wunder: Unzählige leuchtend rote Tupfer bedecken tagelang Felsen, Straßen und Gärten. Bei dem Anblick wird einem ganz feierlich zumute – es weihnachtet hier im Frühsommer. Aber nicht, weil es die Menschen mit glänzenden Kugeln und anderer Adventsdeko übertreiben. Die Tupfer haben einen dicken Panzer und fünf Beinpaare, von denen das vordere zu zwei kräftigen Scheren umgewandelt ist: Millionen Rote Landkrabben kriechen aus dem tropischen Regenwald im Inneren der Insel Richtung Meer.

Eigentlich hat ihre Wanderung gar nichts mit Weihnachten zu tun. Startzeichen für den Umzug ist der Beginn der Regenzeit, der meist im November liegt. Die Nässe schützt die Tiere davor, auf ihrer mehrere Kilometer weiten Reise aus dem Regenwald an die Küste auszutrocknen. Trotzdem passt das Naturspektakel nicht nur farblich perfekt zum Fest der Liebe.

Die Krabben machen sich nämlich auf den Weg, um sich fortzupflanzen. Sobald die ersten Regentropfen auf die Blätter des Waldes platschen, brechen die Männchen auf. Sie sind etwas größer als die Weibchen und haben wuchtigere Scheren, mit denen sie bei Revierkämpfen kräftig kneifen können. Frühmorgens wandern sie los, pausieren in der Mittagshitze und

marschieren abends weiter. Rund 600 bis 700 Meter legen sie so am Tag zurück, bis sie den Strand erreichen. Am Ufer buddeln sie kleine Bruthöhlen in den Sand.

**A**uch die Weibchen treffen in diesen wenig später ein, sie sind kurz nach den Männchen aus dem Wald losgekrabbelt. Rund 20 Minuten lang paaren sich die Tiere. Die Männchen treten anschließend direkt den Heimweg an, während die Weibchen noch zwei Wochen warten und dann ihre befruchteten Eier ins Meer entlassen – stolze 100 000 Stück pro Tier. Danach marschieren auch sie über Straßen und Hänge zurück in den etwa 250 Meter höher gelegenen Regenwald. ▶

Kostbare Fracht: Nach der Paarung entlässt das Weibchen 100 000 befruchtete bräunliche **Eier** ins Meer. Im Wasser schlüpfen daraus Larven

Dort nehmen die Krabben nach der Reise, die zwischen neun und 18 Tagen dauert, ihre Arbeit wieder auf. Ähnlich wie Regenwürmer in unseren Wäldern zerkleinern und verarbeiten sie Laub, sodass daraus neuer, fruchtbarer Boden entstehen kann. Dabei bleibt der rote Recycling-Trupp weitgehend ungestört: Auf der Insel haben die Krabben kaum Feinde. Die rund 1800 Menschen, die hier leben, nehmen Rücksicht auf sie – nicht nur aus Nächstenliebe. Denn die weihnachtliche Wanderung lockt jedes Jahr Touristinnen und Touristen an, die bei ihrem Besuch einiges an Geld für Unterkunft, Essen und Andenken dalassen.

Bedrohlicher als der Mensch ist die in den 1990er-Jahren per Schiff aus Afrika eingeschleppte Gelbe Spinnerameise. Mit ihrem Gift ver-

ätzt sie die Augen der Krabben, sodass diese erblinden, keine Nahrung mehr finden und innerhalb von drei Tagen sterben. Durch die Ameisenangriffe sind die Krabbenbestände in den vergangenen 30 Jahren messbar geschrumpft. Das rief wiederum Tierschützerinnen und Tierschützer auf den Plan, die gegen die Ameisen vorgingen – mit Erfolg. Denn derzeit krabbeln schätzungsweise wieder 190 Millionen der Krabben durch den Inselregenwald.

Und im Meer? Dort wächst der Nachwuchs heran. Kaum sind die Eier ins Wasser geplumpst, schlüpfen die ersten Larven. Wie winzig kleine Punkte wogen sie in den Wellen auf und ab und färben den Ozean in festliches Rot. Rund einen Monat verbringen

die Nachkommen an der Küste – in größter Gefahr. Denn Meeresbewohner wie Walhaie und Mantarochen verschlucken mit einem einzigen Happs oft gleich Tausende der Winzlinge.

Die Überlebenden kehren nach etwa vier Wochen aus dem Meer an den Strand zurück und verwandeln sich dort aus Larven in winzige Krabben, im Durchmesser kaum einen halben Zentimeter groß. Wie roter Flaum bedecken sie Sand und Felsen. Von hier aus krabbeln sie die Hänge hinauf, Kilometer um Kilometer. Im Regenwald angekommen, finden die Kleinen wie durch ein Weihnachtswunder zu ihren Eltern. Drei Jahre lang wachsen sie heran – bis auch sie sich pünktlich zum Jahresende wieder auf Wanderschaft begeben. ■

Nach rund vier Wochen haben sich die Larven zu kleinen Krebsen entwickelt, die den **Weg** in Richtung Regenwald antreten – mitten durch Wohngebiete

## STECKBRIEF:
## Rote Landkrabbe

INDONESIEN

Weihnachts-insel (Australien)

Kokosinseln (Australien)

AUSTRALIEN

Indischer Ozean

1200 km

● Verbreitungsgebiet

**Allgemein:** Die auch Weihnachtsinsel-Krabbe genannte *Gecarcoidea natalis* lebt ausschließlich auf der namens-gebenden Weihnachtsinsel und den Kokosinseln. Dort verbringt sie fast das gesamte Jahr im Regenwald. Nur für die Paarung krabbeln die Tiere hinab an die Küste.

**Größe und Gewicht:** Ausgewachsen bringen es die Krabben auf gut zehn Zentimeter Länge, wobei die Männ-chen größer sind als die Weibchen.

**Nahrung:** Laub, Früchte, Blüten, Samen und gelegentlich auch kleine Tiere wie Schnecken oder Kadaver stehen auf ihrem Speiseplan.

**Nachwuchs:** 100 000 befruchtete Eier entlässt jedes Weibchen ins Meer. Daraus schlüpfen Larven, die im Was-ser heranwachsen und sich zu Krebsen entwickeln. Nach etwa vier Wochen verlassen sie das Wasser und wandern an Land in den Regenwald. Dort bleiben sie drei Jahre, bis sie geschlechtsreif sind und zu ihrer ersten Paarung wie-der an den Strand krabbeln. Die Tiere können bis zu zwölf Jahre alt werden.

# Sollte man wiederverwend

O Tannenbaum – ohne dich ist Weihnachten nur
geschlagene Tannen, andere mieten einen Baum im Topf
Weihnachtsbäume besser? Wir nennen

## DAFÜR

### Kunststoffbäume sind praktisch

Glänzende Kugeln, Sterne, Lichterketten: Sind sie einmal geschmückt, sehen Kunststoffbäume genauso festlich aus wie echte. Sie können wochenlang das Wohnzimmer verschönern, ohne eine einzige Nadel zu verlieren – und verschwinden nach Weihnachten wieder ratzfatz auf dem Dachboden. Kein Wunder, dass inzwischen ein Fünftel der Deutschen auf Plastiktannen schwört: Die Dinger sind einfach praktisch. Vor allem aber muss kein echter Baum sterben, um uns in Weihnachtsstimmung zu versetzen.

Dasselbe verspricht auch ein neuer Service, den immer mehr Menschen nutzen: Sie „mieten" echte Bäume mit Wurzelballen im Topf. Die werden nach Weihnachten wieder abgeholt – und wenn alles klappt, wachsen sie danach weiter.

Herkömmliche echte Weihnachtsbäume zu züchten ist hingegen problematisch für die Umwelt: Begehrte Nordmanntannen und Blaufichten sind in unseren Wäldern nicht heimisch und wachsen deshalb nur in speziellen Plantagen. Damit sie dort dicht an dicht gut gedeihen, bekämpft man das Unkraut zwischen den Bäumen mit Chemikalien, spritzt Gift, um Käfer und Läuse zu vertreiben. Außerdem muss der Boden kräftig gedüngt werden. In Deutschland gekaufte Weihnachtsbäume wachsen vor allem in Nordrhein-Westfalen und müssen manchmal über Hunderte Kilometer zu Geschäften und Ständen befördert werden. Anschließend bringen Menschen sie von dort in Privatautos zu ihren Wohnungen. Bei ihrem Transport kann also viel klimaschädliches Kohlenstoffdioxid ($CO_2$) freigesetzt werden.

# bare Weihnachtsbäume kaufen?

halb so schön! Viele Menschen schwören auf frisch
oder benutzen einen aus Kunststoff. Sind wiederverwendbare
euch Argumente dafür und dagegen

## DAGEGEN

### Echte Bäume sind Tradition

Schließt die Augen und denkt an Weihnachten! Gehört da nicht auch der Duft von frischem Tannengrün dazu? Ein echter Baum lässt sich nicht durch ein Kunststoffgestell ersetzen, finden viele Menschen. Plastikbäume haben keine Seele. Meist werden sie in Fabriken in Asien hergestellt und über weite Strecken per Schiff und Lkw in die Läden nach Europa geschafft, was viel $CO_2$ verursacht. Und irgendwann sind sie Plastikmüll. Echte Bäume hingegen landen zumindest teilweise im Kompostwerk, wo sie sich in nützlichen Humus verwandeln; teilweise werden sie verbrannt und erzeugen Wärmeenergie.

In vielen Studien versuchen Forschende zu errechnen, welche Art Weihnachtsbaum am nachhaltigsten ist. Die Antworten sind nicht eindeutig: Die meisten Kunststoffbäume sind wohl erst umweltfreundlicher, wenn man sie sieben bis neun Jahre hintereinander nutzt. Es gibt sogar Studien, die von 17 oder gar 20 Jahren sprechen. Auch das Bäume-Mieten hat seine Tücken: Viele Bäume überleben es nicht, wenn sie von draußen ins warme Wohnzimmer kommen und dann wieder in der Kälte anwachsen sollen. Durch ihre großen Töpfe sind sie außerdem sehr schwer. Werden sie über weite Strecken transportiert, entsteht dabei viel $CO_2$.

Aus all diesen Gründen empfehlen Umweltverbände, echte Bäume zu kaufen – aber in der etwas teureren Bio-Qualität! Sie wachsen teils im Wald, teils in nachhaltigen Zuchten, in denen kaum gespritzt wird. Mancherorts ist es auch möglich, bei einem Förster oder einer Försterin einen eigenen Baum zu schlagen, der sowieso im Wald entfernt werden müsste. Der ist sicher nicht so perfekt gewachsen wie ein gezüchteter Plantagen-Baum. Aber womöglich duftet er besonders gut ...

# EIN BILD EINEM

## FUNDSTÜCK-BAUM

### IHR BRAUCHT:

leichte Dinge aus eurem Zuhause, am besten in Grüntönen • Klebestreifen, Klebeknete oder Maskingtape

**1** Macht euch auf die Suche nach grünen Dingen: Stiften, Zetteln, kleinen Figuren ... Die Sachen sollten möglichst leicht und flach sein, damit ihr sie gut an der **Wand** befestigen könnt.

**2** Legt am besten alle **Fundstücke** einmal in Form eines Baumes auf den Boden. Wenn ihr mit der Sortierung zufrieden seid, klebt die Elemente nach und nach an die Wand.

# VON BAUM

Ihr findet, eine Tanne gehört in den Wald, nicht ins Wohnzimmer? Oder habt schlicht keinen Platz dafür? Dann ist dieser **Tipp** genau das Richtige für euch! Und für alle anderen gibt es jede Menge Baumschmuck zum Nachbasteln

## BAUMSCHMUCK I

### Folienbälle

**IHR BRAUCHT:**

benutzte Klarsichthüllen • Folienstift • Untertasse • Schere • Heißkleber • Band

**1** Zeichnet mit dem Folienstift und der Untertasse als Schablone mehrere **Kreise** mit einem Durchmesser von 10 bis 12 cm auf die Klarsichthüllen und schneidet diese aus.

**2** Greift den Kreis am Mittelpunkt und dreht ihn zu kleinen **Spitztütchen** ein. Klebt die Kanten mit etwas Heißkleber zusammen. Klebt nun etwa 15 bis 20 Tütchen mit den unteren Enden zusammen, bis eine Kugel entstanden ist.

**3** Befestigt ein hübsches **Band** als Aufhängung.

### Papierkugeln

**IHR BRAUCHT:**

farbiges Papier • Schere • Heißkleber oder Kleber • Band • farbiges Klebeband

**1** Schneidet für eine Kugel vier lange **Papierstreifen** zu. Für eine große Kugel sollten sie etwa 30 × 4 cm lang sein, für eine kleine Kugel reichen 20 × 3 cm.

**2** Legt die Streifen wie zwei **Kreuze** versetzt übereinander. Klebt nach und nach alle Streifen in der Mitte an ihrem Schnittpunkt zusammen.

**3** Klappt nach und nach alle gegenüberliegenden **Enden** nach oben, legt sie übereinander und klebt sie zusammen. Befestigt mit einem Streifen Klebeband ein Stück Band als Aufhänger.

### Holzsterne

**IHR BRAUCHT:**

Holzwäscheklammern • Heißkleber oder Kleber • Band

**1** Baut die **Wäscheklammern** auseinander, das Metallstück kann weg. Klebt je zwei Wäscheklammerhälften mit Heißkleber zusammen, zum Beispiel Rücken an Rücken.

**2** Legt auf dem Tisch verschiedene **Formen**, bis euch der Stern gefällt. Achtet darauf, dass die Verbindungsstellen nicht zu schmal sind, damit alles gut hält. Klebt die Wäscheklammern mit Heißkleber zusammen und befestigt etwas Band als Aufhängung an der Spitze.

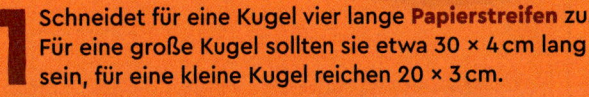
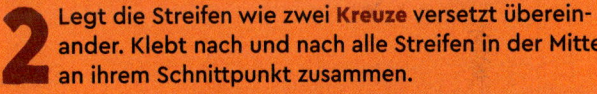

Fotos: Julia Tramm, Studio Tong Tong

# STOFF-TANNE

**IHR BRAUCHT:**

Baumwollstoff (etwa ein halbes Bettlaken) • Stift • Stofffarbe • Teller • Zahnbürste • Holzleiste, die etwas länger ist als das Laken breit • Kleber oder Tacker • Kordel

**1** Breitet den **Stoff** auf einem ebenen Untergrund aus und streicht ihn glatt. Malt mit einem Stift die Tannenbaum-Äste vor.

**2** Für die Nadeln gebt etwas Farbe auf einen Teller und taucht die Borstenspitzen der **Zahnbürste** in die Farbe. Bürstet von den vorgemalten Ästen ausgehend mit der Zahnbürste die Tannennadeln auf das Tuch. Nehmt nicht zu viel Farbe, sonst sieht man die Nadelstruktur nicht mehr. Lasst alles gut trocknen.

**3** Klebt oder tackert die obere Kante des Stoffs an eine schmale **Holzleiste**. Befestigt an den Enden der Holzleiste eine stabile Kordel und hängt euren Baum auf.

# BAUMSCHMUCK II

## Bommeln

**IHR BRAUCHT:**

Wollreste • Schere

**1** Wickelt einen langen Wollfaden etwa 40-mal um euren Handrücken. Steift die **Schlaufen** vorsichtig von der Hand ab und knotet einen weiteren langen Faden in der Mitte darum, sodass eine dicke Schleife entsteht. Die Enden des verknoteten Fadens dienen später als Aufhängung.

**2** Schneidet alle Schlaufen der Schleife seitlich auf und schüttelt den Bommel aus. Schneidet die Bommelfransen in Form, bis eine schöne **Kugel** entsteht, und verknotet die Enden des Fadens für die Aufhängung.

## Filzstapel

**IHR BRAUCHT:**

Filz • Schere • Stickgarn oder dünne Kordel • Nadel

**1** Schneidet einen Filzstreifen von etwa 4 x 48 cm zu und faltet ihn wie eine **Ziehharmonika**.

**2** Fädelt das **Garn** in die Nadel und nehmt es doppelt. Führt das Garn mittig durch den Filzstapel und macht einen Knoten in das untere Ende.

**3** Zieht den Stapel etwas auseinander, sodass er locker sitzt. Lasst oben etwa 10 cm **Doppelfaden** für die Aufhängung überstehen und verknotet die Enden.

## Zapfen

**IHR BRAUCHT:**

trockene Kiefernzapfen • Acrylfarbe • Pinsel • Schere • Band

Bemalt trockene Zapfen in Farben eurer Wahl. Lasst sie gut trocknen und knotet ein **Band** zum Aufhängen daran.

Ein Weihnachtsbaum, der nicht nadelt? Großartige **Idee**! Diese Variante auf Stoff ist nachhaltig und kann alle Jahre wieder aufgehängt und geschmückt werden

Fotos: Julia Tramm, Studio Tong Tong

# GANS – GANZ WEIT WEG

## Was Wissenschaftlerinnen und Wissenschaftler zu Weihnachten schmausen

Ob am Südpol oder auf der Internationalen Raumstation ISS, ob im 18. oder 21. Jahrhundert: Auch Forschende, Abenteurer und Entdeckerinnen feiern Weihnachten und gönnen sich zum Fest ein besonderes **Menü**. Wir haben bei einigen von ihnen in die Speisekarte gespäht

—— Text: Nicole Röndigs

### KAMELBRATEN
### patagonische Art

**Die Expedition:** Charles Darwin (1809–1882) gilt als einer der wichtigsten Naturforscher aller Zeiten. Entwickelt hat er seine berühmte Evolutionstheorie aufgrund von Beobachtungen, die er während einer Weltumseglung mit dem Vermessungsschiff „HMS Beagle" von 1831 bis 1836 machte.

**Die Feier:** Am 24. Dezember 1833 ankerte die „Beagle" vor der Küste Patagoniens, ganz im Süden Südamerikas. Am ersten Weihnachtstag veranstaltete die Besatzung eine Mini-Olympiade.

**Das Essen:** Bei einem Spaziergang an Heiligabend lief Darwin ein Guanako über den Weg, eine in Südamerika lebende Kamelart. Darwin schoss – und verhalf der Mannschaft so zu einem saftigen Festtagsbraten.

### DINNER
### ohne Kerzenschein

**Die Expedition:** Auf der Polarforschungsstation Neumayer III erforschen Wissenschaftlerinnen und Wissenschaftler die Antarktis. Bis zu 50 Menschen leben dort.

**Die Feier:** Am 24. Dezember ist in der Antarktis Hochsommer: Die Sonne scheint bei gutem Wetter 24 Stunden am Tag – Kerzen sind unnötig…

**Das Essen:** Das Dinner für dieses Jahr war während unserer Recherchen noch nicht bekannt. 2021 zauberte der Stationskoch aus tiefgefrorenen Zutaten ein Drei-Gänge-Menü. Vorspeise: Tomatencremesuppe mit selbst gemachtem Basilikumpesto. Hauptgericht: Rinderfilet mit Kartoffelgratin, Spargel und Sauce Bordelaise. Nachtisch: zweierlei Mousse.

## SCHILDKRÖTE
### à la Cook

**Die Expedition:** Der britische Seefahrer James Cook (1728–1779) wurde durch seine Reisen in den Pazifischen Ozean berühmt.

**Die Feier:** Am 24. Dezember 1777 entdeckte Cook mitten im Pazifik eine kleine, unbewohnte Insel. Er ging mit seiner Besatzung vom Schiff „Resolution" an Land, „in der Hoffnung, ein paar Schildkröten zu fangen" – für das Festessen.

**Das Essen:** Sie fingen mehr als 300! In seinem Tagebuch notierte Cook, die Schildkröten seien schmackhaft. Zum Andenken gab er dem Eiland den Namen Weihnachts-insel (nicht zu verwechseln mit der Weihnachtsinsel nördlich von Australien). Heute heißt es Kiritimati.

---

✩✩✩✩✩

## STERNE-KÜCHE
### im All

**Die Expedition:** Etwa 400 Kilometer über der Erde kreist seit 24 Jahren die Internationale Raumstation ISS um unseren Planeten. Seit dem Jahr 2000 machen wechselnde Teams von Astronautinnen und Astronauten Experimente in der Schwerelosigkeit.

**Die Feier:** Weihnachten wird auf der ISS meist zweimal gefeiert – wenn Teams aus westlichen Ländern etwa zusammen mit Kolleginnen und Kollegen aus Russland an Bord sind. Dann folgt auf die Bescherung am 24. Dezember das orthodoxe Weihnachtsfest am 7. Januar.

**Das Essen:** Als Vorspeise Ochsenzunge, dann Hühnchen mit Morcheln und zum Schluss Lebkuchen. Oder Truthahn mit Kartoffeln und Gemüse sowie Schokokuchen – Weihnachtsessen wie diese werden auf der ISS gereicht, allerdings in Dosen oder in Form kleiner, gepresster Scheiben, damit später die Reste nicht durch die Station fliegen. Die Astronautinnen und Astronauten dürfen sogar Plätzchen knabbern – eine absolute Ausnahme, weil Kekskrümel leicht die Lüftungskanäle verstopfen können.

✩✩✩✩✩

---

## WEIHNACHTSBREI
### am Pol

**Die Expedition:** Am 29. Oktober 1908 machte sich der britische Polarforscher Ernest Shackleton (1874–1922) mit einer Expeditionsgruppe auf, als erste Menschen den Südpol zu erreichen. Geschafft haben sie es zwar nicht, aber immerhin kamen sie dem Pol näher als jemals jemand zuvor.

**Die Feier:** „Nur meinen schlimmsten Feinden würde ich es gönnen, Weihnachten an so einem entsetzlichen, gottverlassenen Ort zu verbringen", notierte Ernest Shackleton in sein Tagebuch. Es herrschte Sturm bei frostigen minus 52 Grad Celsius.

**Das Essen:** Immerhin, zum Festtag gab es eine doppelte Portion Pemmikan, eine Mischung aus zerstoßenem Dörrfleisch und Fett, dazu einen Klacks Maujee, einen Brei aus Fleisch, Karotten, Milch, Zucker und Rosinen, und einen in Kakaowasser gekochten Plumpudding, verfeinert mit einem Schuss Branntwein. Der Nachtisch: ein Löffel Pfefferminzlikör.

# Der schönste Tag im Jahr

Weihnachten ist das Lieblingsfest vieler Kinder. Zumindest, wenn sie aus einer christlich geprägten Familie stammen. Mädchen und Jungen anderer **Religionen** fiebern ganz anderen Feiertagen entgegen. Wir haben uns von ihnen erzählen lassen, welche Feste sie besonders gern feiern – und wie

Protokolle: Nicole Röndigs —— Fotos: Tobias Eineder

## Judentum

### Mit Kerzen und Kreisel

**Emma Antonella (9 Jahre) und Samuel (7 Jahre)**

**Das Fest:** Chanukka
**Der Grund:** die Wiedereinweihung des Jerusalemer Tempels nach der Befreiung der Juden von den Griechen im Jahr 164 vor Christus
**Die Feiertage:** Los geht's am 25. Tag des jüdischen Monats Kislew (im November oder Dezember). Ihm folgen sieben weitere Feiertage.
**Wichtiger Brauch:** Kerzen anzünden

„Besonders wichtig ist an Chanukka der neunarmige **Leuchter**, die Chanukkia. Für jeden der acht Feiertage brennt darauf eine Kerze, die neunte in der Mitte ist der Anzünder. Jeden Abend stecken wir ein Licht mehr an, bis am letzten Tag alle Kerzen leuchten. Manchmal gehen wir während der Feiertage zu einem Kindergottesdienst in die Synagoge. Vor allem besuchen wir aber unsere **Verwandten**. Wenn wir uns abends treffen, spielen wir gern Dreidel: Das ist ein Kreisel mit vier Seiten, auf dem hebräische Buchstaben stehen. Zu gewinnen gibt es Goldtaler aus Schokolade. Unser Festessen besteht meistens aus typischen Chanukka-Gerichten wie **Kartoffelpuffer** und Berliner. Außerdem kriegen wir jede Menge Geschenke – genau wie andere Kinder an Weihnachten."

## Islam

### Tierisches Opfer

#### Mikail (10 Jahre)

**Das Fest:** islamisches Opferfest
**Der Grund:** das Gedenken an den Propheten Ibrahim, der bereit war, Allah, also Gott, einen Sohn zu opfern. Doch Allah erlöste ihn: Ibrahim durfte stattdessen einen Widder opfern.
**Die Feiertage:** Das Fest beginnt am zehnten Tag des islamischen Monats Dhū l-Hiddscha und dauert vier Tage. Das Datum richtet sich nach dem Mondkalender. Darum beginnt das Fest in unserem Sonnenkalender jedes Jahr elf Tage früher.
**Wichtiger Brauch:** ein Tier „opfern", um es mit der Familie, Freunden und Bedürftigen zu teilen

**GEOlino EXTRA: Wie feiert deine Familie das Opferfest?**
**Mikail:** Am Morgen des ersten Festtages stehen mein Vater, mein Bruder und ich früh auf und gehen zum Festtagsgebet in die Moschee. Wenn wir wieder nach Hause kommen, hat meine Mutter Frühstück gemacht und die Wohnung mit Ballons und Luftschlangen geschmückt. Später treffen wir uns mit der ganzen Familie bei meiner Oma und feiern. Als Festessen gibt es Fleisch und jede Menge Süßigkeiten – zum Beispiel Baklava, ein Gebäck mit Sirup und Nüssen.

**Bekommt ihr auch Geschenke, wie andere Kinder an Weihnachten?**
Wir Kinder küssen meiner Oma die Hand, als Zeichen, dass wir Respekt vor den Älteren haben. Zum Dank bekommen wir Geld und andere Geschenke.

**Welche Bräuche gehören noch dazu?**
Ein ganz wichtiger Brauch ist es, ein Tier zu schlachten und armen Menschen von dem Fleisch abzugeben. Wir spenden stattdessen Geld an unsere Moschee, und die gibt es an einen Metzger in einem afrikanischen Land weiter, etwa in Malawi. Oft bekommen wir später ein Video, in dem zu sehen ist, wie das Fleisch verteilt wird. Ich finde es immer schön, wie die Leute sich darüber freuen!

# Buddhismus

## Buntes Treiben

### Jasmin (10 Jahre)

**Das Fest:** Vesakh
**Der Grund:** die Geburt, die Erleuchtung und der Tod des Religionsstifters Buddha
**Der Feiertag:** am Tag des ersten Vollmondes im Mai
**Wichtiger Brauch:** gefangen gehaltene Tiere freilassen

„In Asien, wo die meisten Buddhisten leben, ist Vesakh das wichtigste Fest von allen – auch in Vietnam, wo mein Vater und meine Mutter geboren sind. Am **Feiertag** sind dort fast alle Straßen und Häuser mit bunten Fahnen geschmückt. Die Leute machen sich Geschenke und beten gemeinsam in den Tempeln. In meiner Heimatstadt Hamburg feiern wir Vesakh im **Tempel** der Vietnamesischen Buddhistischen Gemeinschaft. Mit meiner Tanzgruppe führe ich dort zu Ehren von Buddha einen Blumentanz auf. Danach beten wir und reinigen die große Buddha-Statue, indem wir Wasser über ihre Schultern gießen. Außerdem lassen wir an Vesakh immer gefangene Tiere frei. Buddhistinnen und Buddhisten möchten nämlich, dass alle Lebewesen glücklich und in **Frieden** leben. Vor dem Tempel stehen deshalb große Bottiche mit Fischen. Alle Feiernden dürfen einen Fisch herausschöpfen und ihn in einem See nebenan aussetzen. Diesen Brauch finde ich besonders schön!"

# Christentum

## Alle Hände voll zu tun

### Arvid, Kajsa und Frida (10, 11 und 18 Jahre)

**Das Fest:** Weihnachten
**Der Grund:** die Geburt von Jesus Christus
**Die Feiertage:** eigentlich der 25. und 26. Dezember. Hierzulande beginnen die Feierlichkeiten aber schon am Vorabend, dem 24. Dezember (Heiligabend).
**Wichtige Bräuche:** Weihnachtsbaum schmücken, Geschenke machen

**GEOlino EXTRA: Was ist an eurem Weihnachtsfest anders als bei anderen Familien?**

**Frida:** Unsere Mutter ist Pastorin an der Hamburger Hauptkirche St. Nikolai und unser Vater Pastor in Siek bei Ahrensburg. Deshalb müssen sie an Weihnachten immer arbeiten. An Heiligabend und den beiden Weihnachtstagen gibt es ja besonders viele Gottesdienste.

**Kajsa:** Wir Kinder haben auch jede Menge zu tun. Zum Beispiel machen wir nachmittags beim Krippenspiel in der Kirche mit. Wir haben schon alle Rollen gespielt, vom Engel bis zum Schaf! Und meine Puppe war schon mal das Jesuskind.

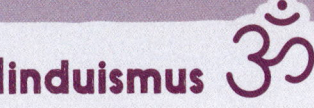

# Hinduismus

## Helle Freude

### Aarush (12 Jahre)

**Das Fest:** Diwali
**Der Grund:** der Sieg des Guten über das Böse und die Dunkelheit
**Die Feiertage:** Start ist am 15. Tag des Hindu-Monats Kartik (Ende Oktober oder Anfang November), je nach Land und Region dauert das Fest zwischen einem und fünf Tagen.
**Wichtiger Brauch:** Straßen und Häuser werden hell erleuchtet.

Rund 900 Millionen Hindus gibt es auf der Welt; die meisten davon in Asien, vor allem in Indien. Dort leben auch die Verwandten von Aarush. „In **Indien** ist Diwali ein ganz wichtiges Fest", erzählt der Zwölfjährige. „Überall werden Lichterketten aufgehängt, es gibt große Feuerwerke, und die Menschen feiern auf den Straßen." Diwali bedeutet so viel wie „Lichterschwarm". Denn bei diesem **Fest** siegt – dem Hinduglauben nach – das Licht über die Dunkelheit. Die ausgelassenen Straßenfeiern in Indien kennt Aarush bisher nur aus Erzählungen. Er lebt mit seinen Eltern in Deutschland. In seiner Heimatstadt Berlin feiert seine Familie Diwali in einem Hindutempel im Stadtteil Neukölln. Zusammen mit anderen Gläubigen beten sie zur Glücksgöttin Lakshmi. „Wir bitten sie um Wohlstand, Gesundheit und **Fröhlichkeit**. Danach gibt es Süßigkeiten und ein kleines Feuerwerk auf der Terrasse." In diesem Jahr feiert Aarush Diwali zum ersten Mal bei seinen Großeltern in Indien. Er freut sich schon auf die große Party. „Das Schönste an Diwali ist, dass die Menschen an den Feiertagen ihre Sorgen vergessen und sich gut fühlen sollen. Die schlechten Zeiten sind dann für alle erst einmal vorbei."

**Zeit zum Feiern habt ihr zwischendurch trotzdem, oder?**

**Arvid:** Klar, aber weil wir so viel um die Ohren haben, schmücken wir den Baum immer schon am Tag vor Heiligabend. Unsere Eltern können sich auch nicht um das Essen kümmern. Die Zutaten fürs Raclette schnibbeln deshalb wir – zusammen mit unserem Onkel, unserer Tante und unseren Cousins und Cousinen.

**Kajsa:** Unsere Bescherung ist immer ziemlich spät, erst gegen acht Uhr abends. Danach müssen unsere Eltern oft noch mal los: Um 23 Uhr fängt die Christmette an.

**Was mögt ihr am liebsten an eurem Weihnachtsfest?**

**Arvid:** Das Krippenspiel!

**Kajsa:** Die Weihnachtsgurke an unserem Tannenbaum. Wer sie zuerst entdeckt, darf das erste Geschenk auspacken.

**Frida:** Wenn wir uns am zweiten Weihnachtstag mit der ganzen Familie treffen. Und das leckere Essen natürlich!

# Welcher Weihnachtstyp bist du?

Lametta, Päckchen, Gans: Für die einen ist Weihnachten der **Höhepunkt** des Jahres, andere könnten auf den Trubel gut und gern verzichten. Wie steht ihr zum Fest? Macht den Test und findet es heraus!

**1** Die Vorweihnachtszeit ist für dich...

**A:** ... die schönste Zeit des Jahres! Ich backe, schmettere Weihnachtslieder und dekoriere mein Zimmer. ■

**B:** ... eher anstrengend. Ich muss mir für alle Geschenke überlegen und Weihnachtsgedichte lernen. Puh! ▲

**C:** ... mega! Ich kann endlich all meine Wünsche auf eine Liste schreiben: ein Tablet, ein Fahrrad, 'nen Hund ... ●

**2** In deinem Adventskalender sind...

**A:** Viele Gutscheine für gemeinsame Erlebnisse mit der Familie. Meine Mama hat immer die besten Ideen – Spieleabend, Nachtwanderung ... ■

**B:** Lauter tolles Zeug! Stifte, Socken, Süßigkeiten ... ●

**C:** Also, vorvorgestern, da war 'ne Schokolade drin. Glaub ich. Gestern und heute hab ich noch gar nicht geguckt. ▲

**3** Was schenkst du deinen liebsten Menschen?

**A:** Ich krame in meinen Schubladen und schaue, was ich nicht mehr brauche. Hauptsache, ich habe etwas. ▲

**B:** Für meine Eltern und Geschwister kaufe ich Geschenke, die richtig was hermachen. Dafür habe ich ordentlich Taschengeld gespart. ●

**C:** Mama bekommt ein selbst geknüpftes Armband, für Papa habe ich Senf gemacht. Ich mache immer alles selbst! ■

**4** Worauf freust du dich am Weihnachtsabend am meisten?

**A:** Komische Frage. Auf die Geschenke natürlich! ●

**B:** Das Kribbeln im Bauch. Die Vorfreude. Den schönen Baum. Die festliche Stimmung. Die Großeltern. Das lange Aufbleiben ... ■

**C:** Ich hoffe auf neue Kopfhörer. Dann kann ich den ganzen Trubel einfach ausblenden und Youtube-Videos auf dem Handy gucken. ▲

**5** Wenn dir ein Geschenk nicht gefällt, dann...

**A:** ... mache ich ein langes Gesicht und habe den ganzen Abend miese Laune. ▲

**B:** Bisher haben mir alle meine Geschenke supergut gefallen. Einmal habe ich ein Buch zweimal bekommen, das habe ich meiner besten Freundin geschenkt. ■

**C:** ... sage ich das SOFORT. Und erkläre, dass es nicht auf meiner Wunschliste stand und ich damit nichts anfangen kann. ●

Grmpf

**6** Würstchen, Karpfen oder Gans: Was kommt bei euch an Heiligabend auf den Tisch?

**A:** Wir feiern immer bei meiner Tante. Da weiß man nie, was es gibt ... ▲

**B:** Raclette. Da ist für jeden etwas dabei, und es ist sooo gemütlich. Mein Pfännchen-Rekord liegt bei acht – bisher! ■

**C:** Heiligabend: Fondue. Am ersten Feiertag: Gans. Und am zweiten Feiertag gehen wir essen. ●

**7** Und nach dem Fest?

**A:** Lasse ich mein Zimmer manchmal bis Ende Januar noch geschmückt. Die Weihnachtszeit ist einfach zu schön. ■

**B:** Ich lege schon mal eine neue Wunschliste an. Mir sind doch glatt schon wieder drei Sachen eingefallen. ●

**C:** Fängt ein neues Jahr an ... ▲

# AUFLÖSUNG

Hinter jeder deiner Antworten steht ein Symbol. Zähle, welches Symbol du wie oft hast. Trag hier die Anzahl ein: ▲ _____ ■ _____ ● _____

## AM HÄUFIGSTEN ▲:

### Weihnachts-muffel

Ach, ist es schon wieder so weit? Der ganze Trubel ist dir irgendwie zu viel, wahrscheinlich bekommst du eh wieder nur Klamotten. Und dann fahrt ihr auch noch quer durchs Land, um bei der Verwandtschaft zu hocken. Aber du musst zugeben: Das Kartenspielen mit den Cousins und Cousinen macht schon auch jedes Jahr wieder Spaß, irgendwie.

## AM HÄUFIGSTEN ●:

### Päckchenfan

Die Fenster in den Kaufhäusern sind festlich geschmückt, und deine Wunschliste wird immer länger. Weihnachten ist für dich eine gute Gelegenheit, fette Beute zu machen. Aber auch du lässt dich nicht lumpen und verwöhnst Mama, Papa, Schwester, Bruder, Hund mit großzügigen Geschenken. Der Gang in die Kirche, das feine Essen – alles schön und gut. Dein Fokus liegt ganz klar unterm Baum.

## AM HÄUFIGSTEN ■:

### Weihnachts-wirbelwind

Keine Frage: Die Weihnachtszeit ist für dich die schönste Zeit des Jahres. Du freust dich, mit der Familie zusammen zu sein. Backst, dekorierst und singst, was das Zeug hält. Dein Weihnachtspullover ist ab dem 1. Advent dein liebstes Kleidungsstück. Und wenn endlich der große Abend da ist, sprühst du vor Begeisterung und steckst alle mit deiner Freude an.

GEO

# Schnee von gestern?

## Wie es um die weiße Weihnacht steht

Schneeflöckchen, Weißröckchen? Von wegen! An den Festtagen schneit der **Winter** in Deutschland nur selten vorbei. In Zukunft werden weiße Weihnachten sogar noch unwahrscheinlicher ...

—— Text: Annika Sartor

**A**ch, es könnte so schön sein: Flocken, die vom Himmel schweben. Schnee, der unter den Stiefeln knirscht. Stattdessen gibt es alle Jahre wieder dieselbe Enttäuschung – und wir stapfen an den Feiertagen eher durch Regengrau. Dabei sollten wir nicht frustriert sein: Statistisch gesehen sind weiße Weihnachten nämlich die Ausnahme. Offiziell versteht man darunter eine Schneedecke von min-

destens einem Zentimeter an allen drei Festtagen – und die gab es für weite Teile Deutschlands in den vergangenen 100 Jahren nur sechsmal, zuletzt 2010. Der Grund dafür: Weihnachten liegt einfach im falschen Monat! Der Winter hat erst drei Tage vorher offiziell begonnen, am 21. Dezember. Dann steht die Sonne bei uns am tiefsten, und die Nordhalbkugel der Erde kühlt ab. Weil das nicht von heut auf mor-

gen (und auch nicht in drei Nächten) geschieht, ist hierzulande meist erst der Januar richtig frostig.

### Falsches Bild

Falls euch eure Großeltern erzählen, dass sie als Kinder an Weihnachten ständig im Schnee getobt haben – das kann nicht so ganz stimmen. Vermutlich sind ihnen weiße Weihnachtstage nur besser im Gedächtnis geblieben als all die verregneten. Es ist nämlich schon seit Langem selten, dass in unseren Breitengra-

den zu Weihnachten Schnee liegt. So sind auf den ersten gedruckten Weihnachtskarten aus London im Jahr 1843 feiernde Menschen umrahmt von Herbstzweigen abgebildet und im Jahr 1845 schneefreie Hausdächer mit einem Weihnachtsmann darauf. Die Beispiele zeigen: Niemand erwartete damals an Weihnachten Schnee oder sehnte sich gar danach. Lange Zeit bedeutete der für die Menschen nämlich keinen Winterspaß, sondern Frieren, Hunger und Krankheit. Doch in der zweiten Hälfte des 19. Jahrhunderts wandelte sich das Bild: Auf einmal waren überall schneebedeckte Weihnachtsmotive zu sehen. Was war geschehen?

## Ein Traum in Weiß

Vermutlich kam die Vorstellung von der weißen Weihnacht per Post: Zahlreiche Menschen, die damals nach Neuengland in den USA ausgewandert waren, schickten ihren Verwandten in Europa Weihnachtskarten und berichteten von massenweise Schnee. Im Nordstaaten-Klima der USA ist der nicht ungewöhnlich. Noch mehr Schneepostkarten empfing man aus den Alpen, wo vor allem Engländerinnen und Engländer ab der zweiten Hälfte des 19. Jahrhunderts ihren Weihnachtsurlaub verbrachten. Immer mehr Leute konnten es sich leisten, in die Schneeferien zu reisen – und wer zu Hause blieb, wünschte sich, auch weiße Weihnachten zu erleben.

Traum und Wirklichkeit haben aber immer weniger miteinander zu tun: Durch den Klimawandel werden die Winter milder und weiße Weihnachten unwahrscheinlicher. Seit dem Jahr 1881 ist der Dezember schon 1,7 Grad Celsius wärmer geworden. Und der Deutsche Wetterdienst hat berechnet, dass die Chance auf Schnee im Zeitraum 1991 bis 2020 verglichen mit den Jahren 1961 bis 1990 bereits um durchschnittlich 13 Prozent gesunken sind. In einzelnen Regionen in Deutschland sind es sogar 44 Prozent.

## Die Hoffnung schmilzt

Viele Länder Europas hatten in den vergangenen Jahren die mildesten Winter seit Beginn ihrer Wettermessungen. Für Deutschland gilt: Sechs der zehn wärmsten Winter liegen nach dem Jahr 2000. Und Forschende warnen bereits: Wenn wir so weitermachen wie bisher und die Erderwärmung nicht stoppen, gibt es etwa im Nordosten Deutschlands nur noch alle 20 bis 50 Jahre weiße Weihnachten – also vielleicht dreimal in einem Menschenleben.

Immerhin: Weil die Schnee-Chancen hierzulande unterschiedlich verteilt sind, kann sich noch jeder seinen Weihnachtswunsch selbst erfüllen. Je weiter man aufsteigt, desto besser die Lage. Auf der Zugspitze, dem höchsten deutschen Berg, liegt jedes Jahr an Weihnachten Schnee. Wer zu Hause bleibt, kann nur aus dem Fenster sehen und hoffen. An Weihnachten sollen ja bekanntlich Wunder geschehen … ■

# ZUM ANBEISSEN!

Willkommen auf den **Schokoladenseiten** dieser Ausgabe! Wir haben uns bei der Firma Schokovida in Hamburg angeschaut, wie Schoko-Weihnachtsmänner von Hand gegossen werden

Text: Sarah Marquardt —— Fotos: Michael Koch

**1**

Bereits im September beginnt bei Schokovida die Weihnachtsmann-Produktion. Die Schokolade für ihre Produkte bekommt die Firma fertig geliefert. Eine solche XXL-Tafel Kuvertüre, also die **Schokomasse** für die Weihnachtsmänner, wiegt 2,5 Kilogramm – so viel wie 25 Tafeln Schokolade

M indestens 30 bärtige Männer umringen Berit Windisch in ihrer Produktionsküche, und es werden immer mehr. Stur starren sie geradeaus, keiner verzieht eine Miene. Dabei sind die Typen eigentlich ganz süß, ein bisschen hohl vielleicht, aber die meisten von euch würden sie sicher mögen. Berit Windisch hat sie selbst geformt. Denn die 54-Jährige betreibt mit ihrem Partner die Firma Schokovida in Hamburg. In ihrer Manufaktur fertigt sie jedes Jahr etwa 5000 Schoko-Weihnachtsmänner, außerdem allerhand Pralinen und Schokoladentafeln. Schließlich sind wir Deutschen echte Zuckerschnuten, und das nicht nur zur Weihnachtszeit.

Rund neun Kilogramm Schokolade oder Schokoladenwaren verputzt jede und jeder von uns durchschnittlich pro Jahr. Zum Vergleich: Das ist mehr als die Menge, die wir an Brokkoli, Blumenkohl, Grünkohl, Spinat, Spargel, Porree, Erbsen, Sellerie und Rosenkohl zusammen essen.

Um unseren Schoko-Hunger stillen zu können, wurden allein im Jahr 2021 rund 447 000 Tonnen Kakaobohnen im Wert von knapp 1,1 Milliarden Euro nach Deutschland verschifft (lest dazu den Kasten auf Seite 71). Aber wen interessieren schon Zahlen, wenn ein Stück Schokolade langsam im Mund zergeht – und auf unserer Zunge ein wahres Geschmacksfeuerwerk auslöst. Hier nämlich sitzen die winzigen, ▶

**2**

In der Temperiermaschine wird der **Schoko-Block** erhitzt und geschmolzen. Die Maschine rührt die flüssige Schokolade und pumpt sie nach oben, sodass sie durch einen Hahn zunächst zurück in den Topf läuft

**3**

Wenn die gesamte Schokolade gleichmäßig warm und flüssig ist, greift Berit Windisch zur **Gussform**. Sie besteht aus Polycarbonat, einem sehr haltbaren und hitzebeständigen Kunststoff

**4**

Die Gussform besteht aus zwei Hälften. Berit Windisch befüllt nur die obere Hälfte, also die **Vorderseiten** der vier Weihnachtsmänner, mit der Schokomasse. Geht etwas daneben, streicht sie die überschüssige Schokolade mit einem Spatel ab

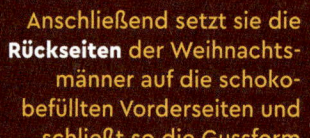

**5**

Anschließend setzt sie die **Rückseiten** der Weihnachtsmänner auf die schokobefüllten Vorderseiten und schließt so die Gussform

zwiebelförmigen Geschmacksknospen mit ihren Sensoren für Süßes.

Für die ersten Kakao-Liebhaber der Welt, die alten Völker Mittelamerikas, war dieser allerdings noch eine bittere Angelegenheit. Die Olmeken bauten vermutlich bereits vor mehr als 3000 Jahren Kakaobäume an und nutzten die Samen, um „Kakawa", ein flüssiges, ungesüßtes Getränk herzustellen. Maya und Azteken taten es ihnen gleich und verschärften das Gesöff mit Gewürzen wie Pfeffer oder Chili. Allerdings nippten damals nur die Wohlhabenden am trüben Trunk. Denn Kakaobohnen waren kostbar, wurden sogar als Zahlungsmittel genutzt. Und das sogar noch, nachdem spanische Schiffe das „braune Gold" im 16. Jahrhundert nach Europa brachten. Ein Truthahn kostete im Jahr 1554 zum Beispiel 100 getrocknete Kakaobohnen, verrät eine alte Preisliste.

In Spanien begann man jedenfalls damit, das Modegetränk mit immer mehr Honig und Zucker zu süßen. Heute besteht eine Tafel Milchschokolade etwa zur Hälfte aus Zucker. Außerdem enthält sie zwei Stoffe namens Tryptophan und Theobromin, denen eine stimmungsaufhellende Wirkung zugeschrieben wird.

Immer wieder wird deswegen behauptet, Schokolade mache glücklich. Tut sie vielleicht auch. Allerdings liegt das nicht an diesen beiden Inhaltsstoffen. Denn Tryptophan und Theobromin sind darin nur in winzig kleinen Mengen enthalten. Um uns tatsächlich aufzuheitern, müssten wir vermutlich tonnenweise Schokolade futtern. Was uns dagegen wirklich glücklich macht, sind, so vermuten Wissenschaftlerinnen und Wissenschaftler, die schönen Erinnerungen, die wir mit dem Naschen verbinden. Und wenn wir einen Riegel verputzen oder einen Weihnachtsmann köpfen, rufen wir diese Erinnerungen Stück für Stück ab. ∎

**6**

Eine **Schleudermaschine** dreht die befüllten Formen langsam in alle Richtungen. So verteilt sich die Schokolade im Inneren gleichmäßig

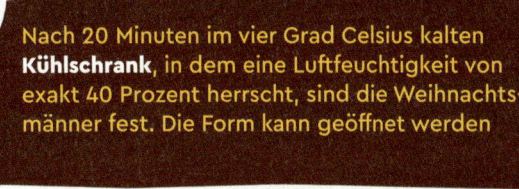

**7**

Nach 20 Minuten im vier Grad Celsius kalten **Kühlschrank**, in dem eine Luftfeuchtigkeit von exakt 40 Prozent herrscht, sind die Weihnachtsmänner fest. Die Form kann geöffnet werden

**8**

Qualitätskontrolle: Bevor sie verpackt werden, prüft Berit Windisch, ob alle **Figuren** heil und gleichmäßig gegossen sind. Fehlerhafte Schokomänner landen wieder in der Temperiermaschine (siehe Schritt 2)

Fotos: Michael Koch/GEOlino; Shutterstock (r. u. 2)

# Kakao: Bitter bis süß

Über 85 Prozent der **Kakaobohnen**, die im Jahr 2021 nach Deutschland kamen, wurden in den Ländern Elfenbeinküste, Nigeria und Ghana angebaut. Aber auch aus Ecuador, Kamerun, Guinea oder Peru kommt Kakao zu uns. Bauern dort kratzen die Samen des Kakaobaums samt **Fruchtfleisch** aus den gelben Früchten. So frisch gepflückt schmecken sie allerdings nicht die Bohne! Bitter sind sie, und ihre typische braune Farbe haben sie auch noch nicht. Deshalb breiten die Bauern sie abgedeckt in der Sonne aus. Dadurch löst sich das Fruchtfleisch langsam ab. Übrig bleiben nur die graubraunen Bohnen, die verpackt in alle Welt verschifft werden. In Fabriken röstet und mahlt man die Samen und verarbeitet sie dann gut gesüßt zu Kakaopulver oder Schokolade. In einem Stück Schokolade steckt also sehr viel Mühe. Vor allem für die Kakaobauern, die trotzdem oft nur wenig Geld für ihre Arbeit bekommen. Achtet daher am besten darauf, wo ihr eure Schokolade kauft, und fragt etwa bei kleineren Herstellern nach, woher der Kakao stammt, der darin steckt. Trägt eine Tafel das **Fairtrade-Logo**, ist das schon mal ein gutes Zeichen.

# Extratour

Habt ihr schon alle Geschichten gelesen? Dann knackt ihr diese **Knobeleien** bestimmt. Wenn nicht: Viel Spaß beim Suchen! Die Lösungen verstecken sich nämlich im Heft

**1.** Wie heißt diese Frucht?

**3.** Es dauerte lange, bis Weihnachten so gefeiert wurde wie heute. Welche Aussage über die Geschichte des Festes ist falsch?

**A** Der Ausdruck „Weihnachten" wird erstmals 1170 in einem Gedicht erwähnt: „ze den wihen nahten". Das ist Mittelhochdeutsch und heißt: „in den heiligen Nächten".

**B** Die ersten Weihnachtsbäume glitzern im 16. Jahrhundert in den Häusern von Handwerkszünften.

**C** Den ersten Weihnachtsmann zeigt der amerikanische Brausehersteller Coca-Cola im Jahr 1931 in seiner Werbung – mit einer Cola in der Hand.

**D** Adventskalender mit Türchen, hinter denen sich Bilder verstecken, können Kinder seit dem Jahr 1920 aufklappen.

**4.** Welcher Entdecker verputzte zu Weihnachten Schildkröten?

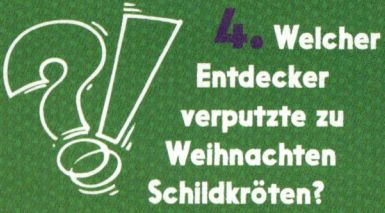

**2.** Wer mag die kleine Lia nicht ermahnen?

## 5. Sechs Freundinnen und Freunde diskutieren über Weihnachten. Wie viele sagen die Wahrheit? Kombiniert ihre Aussagen, um es herauszufinden.

*Das beliebteste Weihnachtslied der Deutschen ist „Jingle Bells".*
**LUCY**

*Und das beliebteste Weihnachtsgeschenk Spielzeug.*
**PAULA**

*Völlig richtig!*
**BOB**

*Von Rentieren wird seit 200 Jahren behauptet, dass sie den Schlitten des Weihnachtsmannes ziehen.*
**LAURA**

*Und Jesus war bei seiner Geburt Jude.*
**JIM**

*Zwei von euch haben recht.*
**REINER**

## 6. Auf wen treffen folgende Aussagen zu?

- hasst Weihnachten
- ist quietschgrün und miesepetrig
- bringt Menschen zu Weihnachten zum Lachen

A   B   C

## 7. Welche Weihnachtsbäume haben wir hier zusammengesetzt?

## 8. Was passt nicht in die Reihe?

Καλά Χριστούγεννα • Щасливого Різдва • Glædelig jul • Kar Toffels Alat • Joyeux Noël

## 9. Wo ist diese Krabbe zu Weihnachten?

**AUFLÖSUNG**

1. Kakaofrucht. Deren Samen sind die wichtigste Zutat von Schokolade (mehr dazu auf Seite 71)

2. B. Miet-Weihnachtsmann Klaus-Dieter Kröger schimpft nicht gern mit Kindern (mehr dazu auf Seite 41)

3. C. Der Weihnachtsmann wurde nicht von Coca-Cola erfunden (lest unseren »Startblock« ab Seite 14)

4. Der britische Seefahrer James Cook in der Südsee (mehr über Forscher und ihr Weihnachtsessen auf Seite 56)

5. Drei. Laura, Jim und Reiner haben recht (siehe Seiten 19, 21, 32 und 42)

6. C. Grün und miesepetrig – das kann nur der Grinch sein (siehe Seite 18)

7. Die Deko aus dem »Startblock«, den Baum aus »zahlen, bitte!« und den Baumständer aus der »Guten Frage« (siehe Seiten 17, 43 und 50)

8. Kar Toffels Alat (Kartoffelsalat) ist das beliebteste Weihnachtsessen. Alle anderen Wortpaare heißen in verschiedenen Sprachen „Frohe Weihnachten." (siehe Seite 19)

9. Auf der Weihnachtsinsel (mehr in der Geschichte ab Seite 44)

# Die DOPPEL-X-AGENTEN

## Folge 26: Enttarnt

Ein Junge im Rollstuhl, ein dickköpfiges Mädchen und eine Schildkröte mit Sprachfehler: Das sind die Doppel-X-Agenten. Sie lüften so manches Geheimnis – im Auftrag von Professor XX

Idee & Text: Björn Krause —— Illustration: Manuel Kilger

AGENT SMART — LUKE
AGENT ROCKET — JADA
AGENT POWER — MAYA
200 kg

O du fröhliche ...

Also, Luke, ich weiß zwar nicht, wieso es Tradition ist, an Weihnachten Plätzchen zu backen, aber ich finde es spitze. Hay-a!

Oh ja! Isch bin der größte Plätzschen-Fan der Welt. Wusstet ihr, dass 57 Prozent aller Deutchen am liebsten Auschteschplätzschen essen? Chteht hier bei Google. Gefolgt von Vanillekipferl und Plätzschen mit Marmeladen-Füllung. Mhhh!

Interessant, Jada. Aber gerade kommt ein neuer Auftrag rein! Also ab in den Besprechungs-raum, Agenten!

Diesmal müsst ihr ein gestohlenes Plätzchen-Rezept wiederbeschaffen. Außerdem wurde das Lager mit den bereits fertigen Keksen komplett aus-geräumt. Vermutlich hat sich herumge-sprochen, dass die so lecker sind, dass sie sich auf dem Weihnachtsmarkt jedes Jahr verkaufen wie geschnitten Brot. Ich schicke euch die Koordinaten des Tatorts auf eure Uhren.

Was für ein Zufall! Da backen wir gerade, und dann das. Alles klar, Leute. Ihr habt es gehört. Auf geht's!

74

Wow, hier lassen sich Unmengen an Plätzchen backen! Aber wo ist unsere Kontaktperson?

Die konnte nicht kommen, schreibt Professor XX. Wir sollen uns allein umschauen.

Ganz offensichtlich wurde die Tür mit diesem Brecheisen aufgestemmt. Vielleicht war der Täter oder die Täterin ja so unvorsichtig, dass er oder sie Fingerabdrücke hinterlassen hat.

Der Tresor wurde eindeutig mit einem Schweißgerät geknackt.

Hier waren wohl die Plätzschen gelagert. Jetzt sind auch sie alle verschwunden. Moment, fast alle …

Nicht, Jada!

Kein Grund, gleisch so brutal zu sein!

Aber wir brauchen das Stück, um es zu analysieren. Vielleicht können wir so die einzelnen Zutaten bestimmen, falls sich das Rezept nicht wiederbeschaffen lässt. Ich packe es direkt in mein mobiles Labor.

Und wo fangen wir mit der Suche an, Luke?

Na, wo wohl, Maya? Auf dem Weihnachtsmarkt natürlich! Da lässt sich mit selbst gebackenen Plätzchen richtig was verdienen.

Das lassen sich die Agenten Rocket und Power nicht zweimal sagen. Auf zum Weihnachtsmarkt!

Kaum angekommen, fällt Agent Rocket ein Verdächtiger ins Auge

Was mache ich?! Lass mich gefälligst los!

Hab isch disch, du Halunke! Der Typ verkauft die geklauten Chterne. Fall gelöst! Ende, aus, Mickymaus.

Moment, hier werden auch Stern-Plätzchen verkauft ...

Und an diesem Stand auch! Vielleicht lässt du den Mann erst mal los, Jada.

Entschuldigung, dass ich mich einmische. Mein Name ist Klara. Klara Fall. Wir haben alle sternförmige Kekse gebacken. Das ist dieses Jahr quasi das Motto.

Hallo Klara! Wir suchen nach jemandem, der nicht nur einen kompletten Bestand an Plätzchen gestohlen hat, sondern auch das streng geheime Rezept dazu.

Was?! Das ist ja mies. Und nun?

ENDE

# Mehr zum THEMA

TOP FILME

## FÜR FESTLICHE STIMMUNG

Die erfolgreichsten Weihnachtsfilme aller Zeiten sind „Kevin" und
der „Grinch", wie ihr bereits auf
Seite 18 erfahren habt. Doch es
gibt noch viel mehr sehenswerte
Streifen, für jeden Geschmack.
Hier kommt eine kleine Auswahl

**Zum Lachen:**
### DIE MUPPETS WEIHNACHTSGESCHICHTE

In der berühmten Weihnachtsgeschichte
des englischen Schriftstellers Charles
Dickens verwandelt sich der fiese
Scrooge in einen guten Menschen.
Die Muppets-Version bringt richtig
Schwung rein!

**Zum Gruseln:**
### NIGHTMARE BEFORE CHRISTMAS

Jack Skellington aus Halloween Town
möchte auch mal Weihnachten feiern.
Wie diese beiden unterschiedlichen
Feste zusammentreffen, ist verrückt,
spannend, aber auch lustig.

**Zum Mitfühlen:**
### DAS WUNDER VON MANHATTAN

An Weihnachten dreht sich alles
ums Shoppen? Nicht für den Zufalls-
Weihnachtsmann, der vor einem
New Yorker Kaufhaus steht und so
anders ist, dass er die Menschen im
Film und das Publikum verzaubert.

**Zum Mitfiebern:**
### DER POLAREXPRESS

Schafft es der Schnellzug bis Mitternacht zum Nordpol? Der Animations-
film erzählt eine rasante Reise mit
vielen Hindernissen und jeder Menge
Schrecksekunden, reichlich Chaos
und etwas Kitsch.

**Zum Wiedersehen:**
### DREI HASELNÜSSE FÜR ASCHENBRÖDEL

Wie oft habt ihr den alten „Aschen-
puttel"-Streifen schon gesehen?
Für viele gehört das märchenhafte
Prinzessinnen-Rührstück zu
Heiligabend wie Krippenspiel
und „O Tannenbaum".

# Auf der Suche

**DARUM GEHT'S:** Jacks Kuschelschwein – genannt „Swein" – ist verschwunden. Also beginnt der Junge zu suchen. Das ist der Auftakt einer magischen Reise, auf der er fantastische Wesen trifft und viel über sich und die Welt lernt.

**DARUM LOHNT ES SICH:** „Harry Potter"-Autorin J. K. Rowling weiß einfach, wie man gute Geschichten schreibt: spannend, bezaubernd, wunderbar.

*J. K. Rowling: Jacks wundersame Reise mit dem Weihnachtsschwein • Carlsen • 336 Seiten • 20 Euro*

# Chaos zum Fest

**DARUM GEHT'S:** „Stille Nacht, heilige Nacht"? Sehr witzig! Bei den Poneleits geht es an Heiligabend drunter und drüber. In 24 Kapiteln erzählt die Geschichte von den Missgeschicken und Geheimnissen der Eltern und den vier Kindern. Es lässt sich also prima als Adventsbuch oder gemeinsames Vorlesebuch nutzen.

**DARUM LOHNT ES SICH:** Mal ehrlich – ein Heiligabend, an dem alles glattgeht, wäre auch langweilig. Die Poneleits sind immer für eine Überraschung gut und sehr, sehr lustig.

*Anu Stohner, Hildegard Müller: Ach du krümeliger Pfefferkuchen! Weihnachten bei den Poneleits • dtv • 104 Seiten • 14,95 Euro*

## Tür an Tür

VON UNS FÜR EUCH · GEOlino

**DARUM GEHT'S:** Ohne Adventskalender geht es einfach nicht! Für welchen „Countdown-Begleiter" werdet ihr euch dieses Jahr entscheiden? Wir hätten da zwei Vorschläge: Bei „Kristalle züchten und erforschen" dürft ihr jeden Tag experimentieren, und das Begleitbuch erklärt euch genau, was da Tolles vor sich geht. Bei „Dinosaurier" reist ihr in die Urzeit, bastelt, entdeckt und staunt.

**DARUM LOHNT ES SICH:** Die beiden großen GEOlino-Adventskalender sorgen für gute Unterhaltung und vermitteln euch viel Wissen zu den beiden Themen.

*GEOlino-Adventskalender »Kristalle züchten und erforschen« und »Dinosaurier« • Franzis • je 34,95 Euro • erhältlich auch über www.geoshop.de/kinder*

# VORSCHAU

Das nächste Heft erscheint am 25. Januar 2023

**Hit-Giganten:** Lest, warum die Männchen der **Buckelwale** im Chor singen und Walkühe mit ihren Kälbern flüstern

# WALE

Meister im Schwergewicht, unschlagbar im Langstrecken-Schwimmen: Wale halten in vielen Disziplinen **Rekorde**. Sie zählen zu den größten Lebewesen, die die Natur je hervorgebracht hat. Manche von ihnen werden über 200 Jahre alt, andere schwimmen mehr als 20 000 Kilometer weit, unter anderem auf der Suche nach Nahrung. Und die Gesänge einiger Exemplare sind über Hunderte Kilometer Entfernung zu hören ... Neugierig geworden? Dann taucht mit uns ab – und erfahrt, wie **Schweinswale** in der Nordsee gezählt werden. Lest, warum Walfänger einst Jagd auf die Giganten machten und wie ihnen heute der **Lärm** von Kreuzfahrtschiffen, Bohrinseln und Co. zu schaffen macht. Habt ihr schon mal von den Einhörnern der Meere gehört? Auch diese Wale begegnen euch im nächsten GEOlino EXTRA.

**Vorbildlich:** Eine Künstlerin und ein Künstler aus Norwegen sammeln **Plastikmüll** und basteln daraus Wale für die Wand. Macht es ihnen nach!

Auch mit **DVD** erhältlich!